하나님이 사용하시는 사람

경건한 사람의 14가지 특징

척 스미스 목사 지음

갈보리채플 극동선교회
THE WORD FOR TODAY KOREA

THE MAN GOD USES

by Chuck Smith

© 2003, 2004 The Word For Today

Published by The Word For Today

Translated by permission of The Word For Today

TWFTK(The Word For Today Korea)는
성경은 하나님의 온전한 계시의 기록이라고 믿고,
성경 말씀을 온 세상에 가르치도록
훈련하는 기관입니다.
홈페이지: www.FarEastMission.org
전화: 041)557-4607

Korean edition

© 2009 The Word For Today Korea
본서에 나오는 모든 성경 구절들은 킹제임스 흠정역
성경전서(2008)로부터 인용한 것입니다.

차례

1. 기도 …… 5
2. 믿음 …… 17
3. 하나님께 영광을 돌리라 …… 23
4. 하나님의 말씀 …… 31
5. 핍박 …… 39
6. 성령 충만 …… 47
7. 거듭남 …… 53
8. 담대함 …… 59
9. 하나님께 복종함 …… 67
10. 성령님의 인도를 받음 …… 75
11. 타협하지 않음 …… 81
12. 순종함 …… 91
13. 선한 청지기 …… 99
14. 신실한 종 …… 105
15. 하나님이 사용하시는 사람 …… 111

제 1 장

"나의 기도가
주 앞에 향같이 놓이게 하시며
나의 손을 들어 올림이
저녁 희생물같이 놓이게 하소서"

시편 141:2

기도

　당신은 하나님에 의해 사용되기를 원합니까? 또한 당신의 삶이 영원한 가치가 있기를 원합니까? 예수님은 우리에게 "하늘에서 이루어진 것처럼 땅에서도 이루어지이다"라고 기도할 것을 가르치셨습니다. 당신은 이 땅에서 하나님의 뜻을 이루기 위해 그분이 사용하실 수 있는 도구가 되기를 기꺼이 원합니까? 만일 그렇다면, 하나님이 사용하셨던 사람들의 인격적인 특징들을 성경 전체를 통해 찾아보는 것은 필수적입니다. 무엇이 이들을 그토록 특별하게 만들어서 마침내 하나님이 그들을 사용하시기로 결정하시게 되었을까?

　당신이 하나님에 의해 사용되기 위해 꼭 필요한 몇 가지 특징들이 있는 것과 마찬가지로, 당신을 실격시킬 수 있는 그 반대의 특징들도 있습니다. 우리의 삶은 영과 육이라는 두 힘의 끊임없는 싸움을 수반합니다. 사도 바울은 갈라디아서에서 그것을 생생하게 묘사하고 있습니다.

> 이제 육신의 행위들은 명백하니 이것들이라. 곧 간음과 음행과 부정함과 색욕과 우상 숭배와 마술과 증오와 불화와 경쟁과 진노와 다툼과 폭동과 이단 파당과 시기와 살인과 술취함과 흥청댐과 또 그와 같은 것들이라. 내가 또한 전에 너희에게 말한 것같이 이것들에 대하여 미리 말하노니, 그런 일들을 행하는 자들은 결코 하나님의 왕국을 상속받지 못하리라. 그러나 성령의 열매는 사랑과 기쁨과 화평과 오래 참음과 부드러움과 선함과 믿음과 온유와 절제니 이같은 것을 대적할 법이 없느니라(갈라디아서 5:19-23).

우리가 육신의 유혹에 빠지면, 우리는 하나님을 섬길 자격을 잃을 수 있습니다. 바울은 고린도전서 9:27에서 우리에게 다음과 같이 경고합니다.

> 오직 내가 내 몸을 억제하여 복종시킴은 내가 다른 사람들에게 복음을 선포한 뒤에 어떤 방법으로든 내 자신이 버림을 받지 않게 하려 함이라.

슬프게도, 많은 사람들이 그들의 육신적인 욕망을 다스릴 수 없었기 때문에 하나님을 섬길 자격을 잃어버렸습니다. 수 년 동안 성공적으로 사역에 종사했던 목사들조차도 육신의 정욕에 희생이 되어 그 사역에 참여할 자격을 잃게 된 경우가 참으로 많이 있습니다.

하나님은 기도의 사람을 사용하십니다

만일 우리에게 하나님을 섬길 자격을 잃게 하는 것들이 있다면, 논리적으로 우리가 하나님에 의해 사용되기 위해 꼭 갖추어야 할 것들도 있습니다. 사도행전 3:1에서 베드로와 요한이 앉은뱅이를 만났을 때, 그들이 무엇을 하고 있었는가에 주목하십시오.

베드로와 요한은 아홉 시 기도 시간에 함께 성전으로 올라갔습니다(1절). 그들은 기도 시간이 되어 성전으로 가고 있었습니다. 여기에서는 기도가 해결의 열쇠입니다. 하나님은 그분과의 정기적인 교제를 유지하는 사람, 즉 끊임없이 하나님께 이야기하고, 또 그분으로부터 듣는 사람을 사용하십니다.

사도 바울의 삶과 사역에서 기도는 분명히 필수불가결한 것이었습니다. 데살로니가 교회에게 쓴 그의 서신에서 그는 그들에게 쉬지 않고 기도하기를 권고했습니다. 그리고 바울은 종종 그가 사람들을 위해 밤낮으로 기도한다고 단언하기도 했습니다.

그는 로마서 1:9에 다음과 같이 기록했습니다.

> 내가 그분의 아들의 복음 안에서 내 영으로 섬기는 하나님께서 내 증인이 되시거니와 내가 기도할 때에 언제나 너희에 관하여 끊임없이 말하며

무엇이 기도의 본질적인 구성 요소들입니까? 하나님의 말씀은 우리가 기도해야만 한다는 것을 어떻게 우리에게 가르치고 있습니까? 기도는 다섯 가지의 기본적인 요소들을 가지고 있습니다. 관계, 경배, 고백, 청원, 중보가 바로 그것들입니다. 성경 전체에 걸쳐서 기도를 분석해 보면, 우리는 이 각각의 요소들이 기도하는 사람들의 삶에서 일관되게 입증됨을 보게 됩니다.

관계

기도의 가장 중요한 국면은 관계입니다. "하늘에 계신 우리 아버지여!"라고 부를 수 있는 기도는 하나님의 자녀들만의 특권입니다. 하나님이 당신의 아버지일 때, 당신은 요청할 권리를 갖게 됩니다.

경배

기도의 또 다른 중요한 국면은 경배입니다. 예수님은 우리에게 경배와 함께 우리의 기도를 시작하도록 가르치셨습니다. "아버지의 이름이 거룩히 여김을 받으시오며." 베드로와 요한은 사도행전 4:24에서 그들의 기도를 이렇게 시작했습니다.

> 주여, 주는 하늘과 땅과 바다와 그것들 안의 모든 것을 만드신 하나님이시요.

그분이 행하신 위대한 일들로 인해 하나님을 경배하고 하늘에 계신 그들의 아버지를 두려워하면서, 그들은 하나님의 성품에 초점을 맞추었습니다.

경배는 기도의 중요한 구성 요소입니다. 왜냐하면 우리가 만물의 창조주이신 살아계신 하나님과 이야기하고 있다는 것을 인식할 때, 우리의 문제들은 그것들의 적절한 관점으로 약화되기 때문입니다. 전능하신 하나님의 영광스러운 광채로 말미암아, 우리의 문제들은 별로 중요하지 않은 것으로 간단하게 바뀌어 버립니다.

우리는 종종 우리의 인간적인 한계를 하나님보다 더 위에 두곤 합니다. 이는 내가 풀기 쉽게 보이는 것은 반드시 하나님께 쉬워

야만 하고, 내게 어렵거나 불가능한 것처럼 보이는 것은 마찬가지로 하나님께도 반드시 어렵거나 불가능해야만 한다고 보는 것입니다. 그러나 우리가 주님을 경배할 때, 우리는 그분이 우리의 문제들보다 훨씬 더 크시다는 것을 발견하게 됩니다.

나의 어머니가 암으로 고통을 당하며 최후의 시간들을 보내고 계실 때, 나는 광범위한 감정들을 경험했습니다. 엑스선 사진은 그녀의 신장을 막고 있는 포도알만한 크기의 종양을 보여 주었는데, 이것이 계속해서 견딜 수 없는 고통을 일으켰습니다. 그녀는 주님에 대한 열정적인 사랑을 가지고 있었는데, 그것이 오히려 나로 하여금 왜 하나님은 그녀에게 그렇게 엄청난 고통을 허락하셨는지를 이해하기 힘들게 만들었습니다. 나로서는 고통 가운데 있는 그녀를 바라보는 것이 너무 힘들었습니다.

어느 날 아침, 감정적인 고뇌의 순간에 나는 하나님이 고통으로부터 어머니를 구해 주시기를 기도했습니다. 나는 그녀의 고통을 하루 동안 나에게 옮겨 주시기를 그분께 간구했습니다. 그런데 주님은 이미 그녀의 모든 고통을 그분께서 담당하셨다고 나에게 조용히 상기시켜 주셨습니다.

그 순간, 하나님은 나에게 그분이 암보다 무한히 더 크신 분이라는 것을 보여 주셨습니다. 나는 완벽하게 건강한 몸을 병든 살과 뼈의 덩어리로 약화시킬 수 있는 그 질병에 더 이상 초점을 두고 있지 않았습니다. 나는 전능하신 하나님의 보좌 앞에 서 있었습니다. 온 우주를 창조하신 분과 비교할 때, 잘못 관리된 얼마의 세포들은 아무것도 아니었습니다.

바로 그 순간, 나의 어머니는 안도의 한숨을 내쉬며, "고통이 사라졌다"고 외쳤습니다. 그리고는 막혔던 신장이 뚫리고 다시 제기능을 하기 시작하자, 이틀에 걸쳐서 그녀는 17리터의 액체를 배설했습니다. 그리고 대략 일주일 뒤에 엑스선 사진은 그녀에게 격렬한 고통을 일으켰던 포도알 크기의 종양이 완전히 사라졌다는 것을 보여 주었습니다.

그녀는 잠을 자기 시작했는데, "오, 고통을 더 이상 느낄 수 없다니 너무 놀라워"라고 말할 시간만큼만 깨어 있고는 24시간 내내 잠을 잤습니다. 그 후 사역자들이 그녀를 위해 병문안을 왔고, 그들은 하나님이 그녀를 치료해 주실 것을 기도하곤 했습니다. 그러나 그들이 떠난 후에, 어머니는 나에게 "나는 그들의 기도에 동의하지 않아. 이제 집으로 돌아가 주님과 함께 있고 싶구나!"라고 말하면서 미소를 지었습니다.

그래서 나는 하나님의 뜻이 그녀의 생애 가운데서 이루어지기를 기도하기 시작했습니다. 만일 하나님이 그녀를 그분이 계신 곳으로 데려가기를 원하신다면, 나는 그녀의 생명이 연장되기를 원치 않았습니다. 그 후 곧 그녀는 혼수상태에 빠졌고, 주님은 그녀를 데려가셨습니다. 그녀의 침대 발치에 앉아서, 나는 내가 전에 혹은 지금까지 경험했던 것보다 훨씬 더 탁월한 방법으로 주님의 임재를 경험했습니다. 나는 그분을 매우 가까이 느꼈고, 그분의 음성은 나의 마음에 매우 분명하게 들렸습니다. 기도는 주님과 나의 관계로부터 나오는 자연적인 산물이었습니다. 내가 하나님의 장엄함을 깨달았을 때 나는 그분을 경배했고, 내가 그분을 경배했을 때 나는 그분의 임재 가운데로 이끌려갔습니다. 나는 새롭고 신선한 방식으로 나를 통해 흐르는 그분의 사랑과 능력을 느꼈습니다.

예수님은 요한복음 4:23에서 우리에게 다음과 같이 말씀하셨습니다.

> 그러나 참되게 경배하는 자들이 영과 진리로 아버지께 경배할 때가 오나니 곧 지금이라. 이는 아버지께서 자기에게 그렇게 경배하는 자들을 찾으시기 때문이니라.

경배는 하나님과의 효과적인 의사소통의 시작입니다.

고백

"우리가 우리에게 빚진 자들을 용서하는 것같이 우리의 빚을 용서하옵시며"(마태복음 6:12). 비록 예수님이 과거, 현재, 미래에 우리가 지을 우리의 모든 죄를 위해 이미 죽으셨지만, 우리가 삶속에서 죄를 가지고 있음을 깨달을 때, 하나님은 여전히 우리가 그분께 나오기를 원하십니다. 요한일서 1:9은 우리에게 다음과 같이 말합니다.

> 만일 우리가 우리의 죄들을 자백하면 그분께서는 신실하시고 의로우사 우리의 죄들을 용서하시며 모든 불의에서 우리를 깨끗하게 하시느니라.

하나님은 우리가 범하는 모든 죄스러운 생각, 말, 그리고 행동을 이미 다 아십니다. 그분께 드리는 우리의 고백은 죄가 가져오는 손상에 대한 우리의 이해력을 넓혀 줍니다. 다윗은 시편

139:23-24에서 이렇게 기도했습니다.

> 오 하나님이여, 나를 살피사 내 마음을 아시고 나를 시험하사 내 생각들을 아시옵소서. 또 내 안에 조금이라도 사악한 길이 있나 보시고 나를 영존하는 길로 인도하소서.

죄가 성령님을 슬프게 하고 우리의 기도 생활을 방해하는 것처럼, 죄의 고백은 하나님 아버지와 우리의 관계를 회복시키고 그분과 우리의 의사소통에 새로운 활력을 불어넣습니다.

청원

청원은 우리 자신의 필요들을 주님께 가져가는 것을 말합니다. "이 날 우리에게 우리의 일용할 빵을 주옵시고"(마태복음 6:11). 주님과의 인격적인 관계가 부족한 사람들은 종종 그들의 개인적인 필요들로 하나님을 귀찮게 하기에는 그분이 너무 대단하시거나 바쁘실 것이라고 믿고 있습니다. 이것은 얇게 가려진 거짓된 겸손입니다. 하나님은 우리가 우리의 필요와 바라는 것들을 가지고 그분께 나오기를 원하십니다. 주님이 우리의 삶에서 그분의 풍성한 공급하심을 통해 우리에 대한 그분의 사랑을 보여주실 때, 그분과 우리의 관계는 성숙되어 갑니다.

중보

"아버지의 왕국이 임하옵시며, 아버지의 뜻이 하늘에서 이루어진 것같이 땅에서도 이루어지이다." 마지막으로, 우리의 기도는 궁극적으로 반드시 중보로 옮겨가야만 합니다. 우리는 경배와 고백을 지나 우리 자신의 필요에 집중하기를 넘어서고, 이제 주님 앞에 다른 사람들의 필요를 가지고 나가야 합니다. 기도는 항상 나 자신을 넘어 확장되어야만 합니다. 만일 내가 오직 나 자신의 개인적인 필요만을 위해 기도한다면, 이는 내 마음에 무엇인가 잘못된 것이 있음을 보여주는 것입니다.

 사도 바울의 삶은 중보 기도의 모범이었습니다. 그는 주님이 함께 사역할 기회를 주신 모든 자들을 위해 기도했고, 심지어 다른 사람들에게 그를 위해 기도하도록 격려했습니다. 성경을 통틀어 보면, 하나님은 규칙적이고 간절한 기도 생활로 그분을 의지했던 사람들을 사용하셨습니다.

제 2 장

"이에 베드로가 이르되

금과 은은 내게 없거니와

내게 있는 것을 네게 주노니

나사렛 예수 그리스도의 이름으로

일어나 걸으라."

사도행전 3:6

믿음

효과적인 기도 생활의 열쇠는 모든 것의 제공자가 되시는 하나님에 대한 믿음입니다. 베드로가 앉은뱅이에게 접근했을 때, 그가 그의 오른손을 잡아 일으키자, 그 즉시 그의 발과 발목뼈가 힘을 얻었음에 주목하십시오. 그리고 당신 자신이 베드로의 입장에 서 보십시오. 이 사람은 태어날 때부터 앉은뱅이였고, 매일 성전 문에 앉아 구걸했기 때문에, 그는 의심할 것 없이 그 도시에 있는 모든 사람들에게 잘 알려져 있었습니다. 만일 베드로가 그 사람을 일으켜 세웠는데, 그가 그만 땅에 털썩 주저앉아 버렸다면, 그때 베드로가 초래했을 대중들의 경멸을 상상해 보십시오. 베드로는 그 도시 전체에서 웃음거리가 되었을 것입니다! 그 상황에서 하나님께 순종하는 것과 그 사람을 일으켜 세우는 것은 엄청난 분량의 믿음이 요구되었음에 틀림이 없습니다.

베드로는 그 사람에게 무엇이라고 말했나요? "나사렛 예수 그리스도의 이름으로 일어나 걸으라" (사도행전 3:6). 나중에 베드로가 성전에서 놀란 군중에게 그 기적을 설명할 때, 그는 다음과 같이 말했습니다. "그분의 이름을 믿는 믿음을 통하여 그분의 이름이 너희가 보고 아는 이 사람을 강건하게 하였으니" (16절).

예수님은 우리에게 다음과 같이 직접적으로 말씀하셨습니다.

> 너희가 내 이름으로 무엇을 구하든지 내가 그것을 행하리니 이것은 아버지께서 아들 안에서 영광을 받게 하려 함이라(요한복음 14:13).

믿음의 열쇠

자, 예수 그리스도의 이름에 대한 믿음을 통한 놀라운 능력이 바로 여기에 있습니다! 그런데 베드로는 그 앉은뱅이를 치료할 믿음을 어디에서 얻었을까요? 베드로가 사도행전 3:16하반절에서 말한 것에 주목하십시오.

> 참으로 그분으로 말미암은 믿음이 너희 모든 사람 앞에서 그를 이같이 완전히 낫게 하였느니라.

다른 말로 하면, 베드로는 주님이 그 앉은뱅이를 치료하셨을 뿐만 아니라, 그분이 그것을 행하실 것임을 믿는 믿음을 자신에게 주셨음을 선언하고 있습니다.

베드로는 자신의 영적인 발전을 통해, 또는 그가 행한 어떤 일로부터 그 믿음을 발전시켰다고 주장하지 않았습니다. 그는 하나님의 일을 행하기 위해 요구되었던 그 믿음이 하나님께로부터 왔다는 것을 단순히 그들에게 말했습니다. 주님은 그저 갑자기 이 앉은뱅이가 치료될 수 있다는 것을 믿는 믿음을 베드로에게 주셨습니다.

사도 바울은 고린도전서 12장에서 영적 은사들에 대해 토론하면서, 구체적으로 믿음의 은사를 언급했습니다. 성경은 어떤 경우에는 하나님이 사람들의 삶속에서 무엇인가 특별한 것을 행하실 것을 믿는 믿음을 그들에게 주신다는 것을 우리에게 보여줍니다. 그래서 많은 사람들은 어떤 경우를 위해 그들의 믿음을 만들어 내려고 노력합니다. 나는 이것이 무익한 훈련이라고 믿습니다.

여기에서 해결의 열쇠는 바로 하나님이 우리에게 기적을 행하실 것임을 확신시켜 주는 믿음을 갖기 위해서는 우리가 반드시 하나님의 뜻 안에서 살아가야만 한다는 것입니다. 고린도전서 12:11에서 바울이 우리에게 이야기하는 것에 주목하기 바랍니다.

> 이 모든 것은 같은 그 한 성령께서 행하사 자신의 뜻대로 각 사람에게 개별적으로 나누어 주시는 것이니라.

성령의 역사는 나의 뜻에 따라서가 아니라, 그분의 뜻에 따라 행해집니다. 그래서 하나님이 사용하시는 사람은 기도의 사람이고, 하나님의 뜻에 따라 걷는 사람이며, 하나님의 일을 하기 위해 하나님의 믿음을 가진 사람입니다.

제 3 장

"이와 같이 너희 빛을
사람들 앞에 비추어
그들이 너희의 선한 행위를 보고
하늘에 계신 너희 아버지께
영광을 돌리게 하라."

마태복음 5:16

하나님께 영광을 돌리라

그것은 볼만한 광경이었음에 틀림이 없습니다! 문자 그대로 수십 년 동안 구걸하며 성문에 앉아 있던 그 앉은뱅이가 이제는 공중으로 뛰기도 하며 하나님을 찬양하면서 주변을 걸어 다니고 있었습니다(사도행전 3:8)! 그 도시의 모든 사람들은 아마도 이따금씩 동전 한 두 개를 그의 손에 던져 주면서 수년에 걸쳐 반복해서 이 사람 곁을 지나다녔을 것입니다. 그의 연약한 골격은 의심할 바 없이 예루살렘의 성전에 들어가는 전체적인 경험과 연결되어 그들에게 친숙한 광경이었습니다.

별안간 어느 날, 이 사람은 춤을 추며 주변을 돌아다니면서 목청을 한껏 높여 소리지르며, 베드로와 요한을 껴안고 성전의 일상에서 중요한 소동을 일으키고 있었습니다. 이 소식은 마치 산불처럼 군중을 통해 퍼져나갔음에 틀림이 없습니다! 누가는 사도행전

3:10에서 그것을 사실적으로 진술합니다. "그에게 일어난 일로 인하여 놀라며 경이롭게 여기니라."

그 이야기는 사도행전 3:12에서 계속됩니다.

> 베드로가 그것을 보고 백성에게 응답하되, 너희 이스라엘 사람들아, 어찌하여 이 일에 놀라느냐? 어찌하여 마치 우리가 우리 자신의 권능이나 거룩함으로 이 사람을 걷게 만든 것처럼 우리를 이토록 진지하게 쳐다보느냐?

다시 말해서, 베드로는 그들에게 다음과 같이 말하고 있었습니다. "너희 이스라엘 사람들아! 너희 하나님의 능력을 너희가 알지 못하느냐? 생각건대 아브라함의 하나님, 이삭의 하나님, 야곱의 하나님에 정통하지 못한 타국에서 온 사람들은 이 사건으로 놀랄 수 있겠으나, 왜 너희가 놀라야만 하느냐?"

이것은 오늘날조차 우리가 기적에 직면할 때 종종 처신하는 방식입니다. 우리 자신의 고백에 따르면, 우리는 하나님이 하늘과 땅과 그것들 안에 있는 살아있는 모든 피조물을 창조하셨다는 것을 믿습니다. 그러나 병원 치료도 없이 사지마비 환자가 걷게 되었다는 이야기를 들으면, 그것은 남을 쉽사리 믿는 우리의 고지식함을 요구합니다. 하나님이 땅의 먼지로 아담을 만드시는 것과 그분이 절름발이를 치료하시는 것 중에 어느 것이 더 어려울까요? 우리가 믿는다고 주장하는 것을 우리는 정말로 믿습니까?

위험한 영역

비록 하나님의 도구로 사용되는 것이 항상 스릴이 넘치는 경험이기는 하지만, 사람들은 종종 하나님 자신보다 오히려 그분에 의해 사용된 사람을 높이려는 경향이 있기 때문에, 그것은 또한 잠재적으로 위험한 경험이기도 합니다. 예수님은 마태복음 5:16에서 우리에게 다음과 같이 주의를 주셨습니다.

> 이와 같이 너희 빛을 사람들 앞에 비추어 그들이 너희의 선한 행위를 보고 하늘에 계신 너희 아버지께 영광을 돌리게 하라.

주의하십시오. 영광은 우리 가운데 있는 어느 누구에게 돌려지는 것이 아니라, 반드시 하나님께만 돌려져야 합니다.

사람의 영광은 매우 강력하게 동기를 부여하는 매체입니다. 많은 축구 선수들이 짧은 한 순간의 관중의 박수갈채를 듣기 위해 그들의 남은 생애 동안 그들의 몸이 불구가 되는 것을 기꺼이 받아들입니다. 마치 사탄이 개인적인 공로 인정에 대한 욕망 때문에 하나님을 대항하여 반역했던 것처럼, 우리 자신의 죄있는 본성도 사람들의 인정과 영광을 갈망합니다.

하나님이 어떤 사람의 기도에 응답하실 때, 사람들은 종종 마치 그가 그 기도의 결과와 무엇인가 연관되어 있는 것처럼 기도했던 그 사람을 높이려고 합니다. 미국 전역에 걸쳐 있는 셀 수 없이 많은 치유 사역들은 일반 대중의 반응의 결과로, 큰 사업들로 바뀌어 버렸습니다. 소위 치료자라고 불리는 많은 사람들은 순진한 사람들의 속기 쉬운 속성을 이용해서 부자가 되려고 꿈꾸는 사기꾼에 지나지 않습니다.

하나님의 도구

수 년 전, 나는 한 그리스도인 여성을 만났는데, 그녀의 남편은 주님께 나오기를 거부했습니다. 그는 그 지역의 우수한 정신과 및 신경외과 의사였습니다. 그의 아내에 따르면, 그의 진료소가 상당히 성공적이었을 때, 그는 그의 환자들의 문제에 대해 너무 진지하게 생각한 나머지 습관적으로 밤에 잠을 설쳤습니다. 자기 환자들의 복리에 대한 그의 깊은 관심이 글자 그대로 그의 건강을 파괴하고 있었습니다. 비록 그의 주의깊은 분석이 그가 돌보는 환자의 정확한 문제를 그에게 보여준다 할지라도, 그는 그가 실제로 치료에 영향을 주기에는 역부족이라는 사실로 인해 괴로워했습니다.

이 사람의 아내가 하루는 내게 다가와서 나의 아내 케이(Kay)와 내가 그들과 함께 저녁 식사를 할 수 있는지를 물었습니다. 그녀의 계획은 저녁 식사 후에 그녀와 케이는 부엌으로 사라지고, 남자 두 사람만 이야기를 하기 위해 남는 것이었습니다. 두 가지 다른 주제에 대해 몇 시간 동안 그와 이야기를 나눈 후에, 나는 마침내 그를 대면했습니다.

"당신과 나는 한동안 서로의 생각들을 나누며 여기에 앉아 있습니다"라고 나는 말했습니다. "나는 나에 대한 당신의 전문가적인 분석을 기꺼이 좋아합니다. 나는 최대한 솔직 하려고 노력했습니다. 그리고 당신이 알다시피, 나는 예수 그리스도에 대한 확고한 믿음을 가지고 있습니다. 또한 나는 성경이 철저하게 하나님의 영감으로 된 것과 그것의 모든 말씀이 참되다는 것을 믿습니다. 자, 그리스도에 대한 나의 믿음 때문에 내가 무엇을 잃었다고 당신은 생각하십니까?"

그는 나를 바라보며 말했습니다. "아무것도 없어요. 내가 당신이 행복한 만큼 행복하다면 좋겠어요. 나도 당신이 가진 평화와 확신을 기꺼이 얻고 싶습니다."

이 말이 끝나자마자, 나는 다음과 같이 덧붙였습니다. "결국 실제로 하나님이 계시지 않고, 성경이 철저하게 거짓이라면 어떻게 될까요? 그렇다면 나는 무엇을 잃게 될까요?"

그는 다시 한 번 대답했습니다. "아무것도 없어요. 당신은 내가 만난 어떤 사람보다도 정신적으로 안정된 사람입니다."

그래서 나의 그 다음 질문은 이것이었습니다. "좋습니다. 그렇다면 만일 성경이 참되다면 어떻게 될까요? 당신 개인의 주님과 구세주로서 그리스도를 믿지 않음으로 당신은 무엇을 잃었습니까?" 그것으로 그는 항복했고, 우리는 함께 무릎을 꿇었으며, 그는 예수님을 그의 마음 가운데 모셔드렸습니다.

다음 날 아침 일찍, 그의 아내는 나에게 줄 선물 하나를 들고 내 사무실을 찾아왔습니다. 그녀는, "오 척, 오 척! 나는 당신이 해낼 줄 알았어요! 당신은 참으로 대단해요!"라며 감정을 막 쏟아냈습니다.

나는 재빨리 그녀의 행동을 중지시키고는 다음과 같이 말했습니다. "잠깐만요! 당신의 남편은 그 지역에서 최고의 신경외과 의사들 가운데 한 사람입니다. 그가 동맥 하나를 성공적으로 자르는 수술을 통해 한 사람의 생명을 구했다고 상상해 보십시오. 만일 그 환자가 나중에 병원에 되돌아와서 그가 수술할 때 사용했던 외과 수술용 가위를 들고 큰 소리로, '오, 너는 정말로 훌륭한 수술용 가위로구나! 너는 내가 이제까지 본 것 중에서 가장 날카로운 날을 가지고 있어! 너는 전세계에서 가장 영광스러운 강철 조각이로다!' 라고 한다면, 그의 기분이 어떻겠습니까?"

우리는 도구를 찬양하기로 되어 있지 않고, 오히려 그분의 목적을 이루시기 위해 정교하게 그 도구를 사용하시는 분을 찬양하기로 되어 있습니다. 하나님이 당신을 사용하시고, 그리하여 누군가 그 영광을 당신에게 돌리기 원할 때, 우리가 해야 할 최상의 일은 그 일을 행하신 분께 영광과 칭찬을 돌리는 것입니다.

베드로는 사도행전 3:12에서 다음과 같이 말했습니다.

> 어찌하여 마치 우리가 우리 자신의 권능이나 거룩함으로 이 사람을 걷게 만든 것처럼 우리를 이토록 진지하게 쳐다보느냐?

하나님이 그 날 행하신 것을 통해 베드로는 어떤 공과도 취할 마음이 없었습니다. 이와 같이, 하나님이 사용하시는 사람은 자신을 위해 영광을 구하지 않고, 오직 하나님께 영광을 돌리기를 구하는 사람입니다.

제 4 장

"땅의 모든 끝을

굳게 세우신 분이 누구냐?

그분의 이름이 무엇이며

그분의 아들의 이름이 무엇인지 네가 말할 수 있느냐?

하나님의 모든 말씀은 순수하며

그분은 자신을 신뢰하는 자들에게

방패가 되시느니라."

잠언 30:4하-5

하나님의 말씀

사도행전 3장에서, 베드로와 요한은 하나님이 기적을 행하시는 데 사용하신 도구였고, 모든 사람들은 크게 놀랐습니다. 그들은 무슨 일이 일어났는지를 알고 싶어 했습니다. 예수 그리스도에 대한 베드로의 설명이 하나님의 말씀으로부터 직접 나왔다는 것에 주목하십시오.

베드로는 사도행전 3:18,21에서 다음과 같이 선언했습니다,

> 그러나 하나님께서 자신의 모든 대언자들의 입을 통하여 미리 보여 주신 그 일들 곧 그리스도께서 고난당하실 일들을 이같이 성취하셨느니라.

> 하나님께서 세상이 시작된 이래로 자신의 모든 거룩한 대언자들의 입을 통하여 말씀하신 때 곧 모든 것을 회복하시는 때까지는 하늘이 반드시 그분을 받아들여야 하리라.

베드로는 22절에서 계속해서 모세를 인용하고, 그 뒤 사무엘에서 말라기까지 성경의 대언의 책들을 예를 들어 설명했습니다.

이러한 베드로의 선언의 기초를 이루는 원칙이 있다면, 그것은 하나님이 그 책들의 저자라는 인식입니다. 하나님은 거짓말을 하실 수 없으므로, 하나님의 말씀이 참된 것임에 틀림이 없다는 것을 우리는 알고 있습니다. 그러므로 우리가 어떤 것을 설명하기 위해 가지고 있는 궁극적인 권위는 바로 하나님의 말씀입니다.

사도행전 1:16에 있는 베드로의 진술을 주의하여 보십시오.

> 사람들아 형제들아, … 성령님께서 다윗의 입을 통해 미리 말씀하신 이 성경 기록이 반드시 성취될 필요가 있었나니

성령님이 다윗을 통해 말씀하셨기에, 다윗의 말은 하나님의 말씀입니다. 하나님의 말씀은 무오하며, 그것은 단순하게 성취되어야만 합니다. 하나님은 그분의 말씀을 신뢰한 베드로와 같은 사람이 되도록 우리를 도와주십니다!

하나님이 말씀하셨습니까?

오늘날 보편적으로 나타나는 경향이 하나 있는데(특히 지적인 엘리트 계층 가운데), 이는 하나님의 말씀을 믿기보다 오히려 그것에 도전하려는 것입니다. 불행하게도, 많은 신학교들이 하나님이 그분의 말씀을 통해 그들에게 전달하신 것이 무엇인지를 발견하는 것 대신에, 그분의 말씀의 무오성에 대해 끊임없이 논쟁하고 있습니다. 그 결과, 전세계에 걸쳐 설교자들 가운데 자유주의가 성장하게 되었습니다. 그리고 하나님의 말씀은 미온적인 사회적 복음으로 대체되었습니다. 만일 내가 성경이 하나님의 말씀이며, 그분에 의해 영감되었고, 또한 무오하다는 것을 믿지 않았다

면, 나는 이 사역을 그만두었을 것입니다.

이 사회적 복음으로 인해 모든 주요 교단의 교인수가 급속하게 감소했습니다. 회중에 남아 있던 나이 많은 교인들이 죽게 되자, 교회 출석자 수가 점점 줄어듭니다. 한편, 교회는 하나님 말씀의 근본적인 삶을 변화시키는 진리로부터 계속해서 점점 더 멀리 표류하여, 그들은 제공할 것이 더 적어졌습니다. 결과적으로, 오늘날의 젊은이들은 교회가기를 회피하는데, 그 이유는 대부분의 교회들이 하나님의 말씀을 부인함으로써 세상과 더욱 연관성을 갖고자 애쓰는 동안, 우리의 변화하는 세상에 부적절하게 되었기 때문입니다.

다른 한편, 성경을 가르치고, 믿고, 실행에 옮기는 교회들은 번창하고 있습니다. 주요 교단의 교회들로부터 갈보리 채플을 구별하는 한 가지 요소는 하나님의 말씀을 한 구절씩 차례로 가르치는 것을 강조하는 것입니다. 그것은 창세기에서부터 계시록까지 가르치는 것이며, 그 다음엔 다시 또 창세기로 돌아가는 것입니다.

하나님의 말씀에 대한 가르침으로 유명한 캠벨 모간(G. Campbell Morgan)은 여타의 설교자들과는 구별된 성경 강해 설교자였고, 20세기초 영국 런던에 있는 웨스트민스터 채플(Westminster Chapel)의 담임목사였습니다. *The Ministry of the Word*(말씀의 사역, Fleming Revel Publishing, 1919)라는 그의 전기에서 우리는 성경의 순수한 가르침에 대한 모건의 신뢰가 매주 수천의 사람들로 하여금 그의 교회로 떼를 지어 오도록 만들었다는 것을 발견했습니다.

슬프게도, 비록 웨스트민스터 채플이 오늘날에도 여전히 존재

하지만, 지금은 더 이상 한 세기 전에 행했던 것처럼 하나님의 말씀을 가르치는 것을 강조하지 않습니다. 어느 주일 저녁 내가 이 교회를 방문했을 때, 그 거대한 예배당에 흩어져 앉아 있던 사람이 모두 합해서 30명도 되지 않았습니다. 그 예배당은 한때 복도까지 사람이 넘쳐 나던 곳이었는데 말입니다.

그분의 이름 위에

고대 히브리 문화에서 사람의 이름은 그의 정체성과 결부되어 있었습니다. 그래서 아이의 이름을 짓는 과정은 본질적인 중요성을 가지고 있었습니다. 성경 전체에 걸쳐서, 하나님의 이름이 거룩히 여김을 받는 것을 봅니다. 사실상, 히브리 서기관들이 성경을 필사하다가 하나님의 이름 앞에 오면, 그들은 펜을 내려 놓고 목욕을 한 후, 깨끗한 옷으로 갈아 입고 나서 새 펜을 들어야만 했습니다. 그리고 나서야 그들은 다시 계속해서 기록할 수 있었습니다.

하나님의 이름이 너무 거룩하게 여겨졌기 때문에 그것을 입밖에 내는 것조차 허락되지 않았습니다. 이것을 염두에 두고, 하나님이 그분의 말씀을 심지어 그분의 이름보다 영화롭게 하신다는 것에 주목하십시오.

> 내가 주의 거룩한 전을 향해 경배하며 주의 인자하심과 주의 진리로 인하여 주의 이름을 찬양하리니 주께서 주의 말씀을 주의 모든 이름 위로 크게 하셨나이다(시편 138:2).

많은 교회들이 그들의 예배에서 극적인 영적 경험을 강조하기 위해 하나님의 말씀을 가르치는 것을 버리고 말았습니다. 우리는

'the Toronto Blessing'이나 'the Pensacola Blessing'과 더불어 시작했다가, 'Holy Laughter Movement'에 빠지게 된 경우를 본 적이 있고, 또한 사람들을 그들의 모임으로 유인하기 위해 깜짝 놀랄 만한 눈부신 현상들을 추구하는 다른 무수한 교회들을 보았습니다.

어느 한 교회가 환상적인 새로운 평판과 더불어 등장하게 되면, 그 교회는 다른 교회들로부터 사람들을 끌어내기 시작합니다. 그래서 다른 교회들은 그 무리를 다시 돌아오게 하기 위해 훨씬 더 자극적인 무엇인가를 만들어 내지 않을 수 없게 됩니다.

이와 같은 유형의 상황은 교회 안에서 새로운 것이 아닙니다. 디모데후서 4:2-4에 나오는 사도 바울의 권면에 주목하십시오.

> 말씀을 선포하라. 때에 맞든지 맞지 아니하든지 긴급히 하라. 모든 오래 참음과 교리로 책망하고 꾸짖고 권면하라. 때가 이르리니 그들이 건전한 교리를 견디지 못하며 귀가 가려워 자기 욕심대로 자기를 위해 선생들을 쌓아 두고 또 진리로부터 귀를 돌이켜 꾸며낸 이야기들로 돌아서리라.

만일 당신이 하나님에 의해 사용되기를 원한다면, 당신은 반드시 하나님의 말씀을 신뢰하는 자가 되어야만 합니다. 하나님이 사용하시는 사람은 말씀의 사람입니다.

제 5 장

"사도들은 자기들이

그분의 이름으로 인해

수치당하는 일에 합당한 자로 여겨진 것을

기뻐하며 공회 앞을 떠나니라."

사도행전 5:41

핍박

사도행전 4장은 교회에 대한 핍박의 시작을 특징적으로 묘사하고 있습니다. 유대 종교 지도자들은 이제 막 예수라는 인물을 제거했습니다. 혹은 그들은 그렇게 생각했습니다! 초대 그리스도인들에게 대항하면서 등장한 이 기성의 종교 지도자들은 누구였습니까? 그리고 그들은 무엇을 이루고자 애쓰고 있었습니까?

산헤드린이라고 불리는 유대 종교의 지도부는 사두개파와 바리새파라는 서로 경쟁 관계에 있는 두 개의 종파로 구성되어 있었습니다. 사두개인들은 순수 물질주의자들이었습니다. 그들은 그들의 육체적 감각으로 경험할 수 있는 것만을 믿었습니다. 여기에는 천사, 영, 혹은 사후의 삶 등은 포함되지 않았습니다.

그들은 예수님이 부활했다는 것을 거의 확실히 믿지 않았습니다. 본질상, 그들은 그 시대의 인본주의자들이었습니다.

다른 한 편, 바리새인들은 사후의 삶을 믿었습니다. 그들은 사두개인들보다는 율법에 더 열심이었습니다. 그래서 결과적으로, 이 두 집단은 사실상 모든 논제에서 첨예하게 나누어졌습니다.

바리새인들과 사두개인들은 예수님에 관해 전혀 다른 문제들을 가지고 있었습니다. 그러나 분명히 그들의 문제의 근원은 예수님이 종교 지도자로서 그들의 지위를 위협했다는 사실이었습니다.

바리새인들

바리새인들은 예수님이 모세의 법을 깨뜨렸다고 믿었기 때문에 그분을 핍박했습니다. 예수님은 사람이 만든 그들의 전통들에 대해 어떠한 타당성도 인정하기를 거절하셨습니다. 그분은 안식일에 사람을 고치셨고, 가르치실 때 랍비의 가르침을 인용하지 않으셨으며, 죄인들과 어울리셨고, 가는 곳마다 거대한 군중을 몰고 다니셨습니다.

그들이 생각하기에, 이것들 중 최악의 것은 바로 예수님 자신이 하나님이라는 것을 스스로 드러내셨다는 것입니다.

사두개인들

사두개인들의 기본적인 문제는 죽은 자의 부활에 대한 예수님의 가르침으로부터 나왔습니다. 죽게 되면 자신의 돈을 가지고 갈 수 없는 곳으로 가게 될 것이라는 것만큼 물질주의자를 불안하게 만드는 것이 없습니다. 예수님이 죽은 나사로를 일으키셨을 때,

그들이 당황했을 것을 상상해 보십시오!

부활

사두개인들은 십자가 처형을 통해 마침내 예수님을 제거했다고 생각했습니다. 그러나 이번에는 베드로와 요한이 예수님이 죽은 자들 가운데서 다시 살아나셨다고 선언하고 있었습니다. 그리고 그들은 성전에서 앉은뱅이를 고친 것에 대해 예수님께 영광을 돌리고 있었습니다. 이 사실을 부인하기 원했던 만큼, 그들은 그것을 부인할 수 없었습니다. 왜냐하면 그 증거인 앉은뱅이가 걷고, 말하고, 그들 가운데서 하나님을 찬양하고 있었기 때문입니다.

예수님이 죽은 자들 가운데서 다시 살아나셨다는 것과 그분이 믿는 자들에게 그분이 행하셨던 일을 할 수 있도록 능력을 부어 주신다는 복음의 핵심이 그들의 얼굴을 빤히 쳐다보고 있었습니다.

예수님의 가르침이 사두개인들로부터 그들의 생계와 조작된 종교를 따르도록 사람들에게 지시함으로 그들이 얻어냈던 그 무엇을 빼앗아갔던 것입니다. 만일 사람들이 사도들의 메시지를 믿는다면, 사두개인들의 산업 전체가 가루가 되어 무너져 내리게 되는 것입니다. 그들은 물질주의자였기 때문에 이것은 참을 수 없는 것이었습니다. 그들은 진리를 추구하고 있지 않았습니다. 그들은 여느 때처럼 단순히 그들의 본업을 계속하기를 원했습니다. 그렇게 하려면 그들은 부활에 대한 이 가르침을 짓밟아 버려야만 했던 것입니다.

그래서 그들은 베드로와 요한을 붙잡아 감옥에 집어 넣었습니다. 누가는 사도행전 3:1에서 베드로와 요한이 성전에 올라갔던 때가 오후 3시경이었다고 말해 주고 있는데, 그렇다면 그들이 감옥에 던져졌을 시각은 아마도 오후 5시쯤이었을 것입니다. 두 시간 사이에, 이 앉은뱅이를 고친 일과 이어지는 베드로의 설교의 결과, 약 5천의 사람들이 예수 그리스도를 믿는 구원의 믿음으로 나아왔다는 것에 주목하십시오.

그 다음날, 사두개인들은 이 상황에 대해 그들이 할 수 있는 것이 무엇인지를 결정하기 위해 모임을 소집했습니다. 그들은 베드로와 요한을 그들 앞에 세우고, 사도행전 4:7에 있는 대로, "너희가 무슨 권능이나 어떤 이름으로 이 일을 행하였느냐?"고 물었습니다.

이것은 신명기 13:1-5에 있는 구약의 율법으로 베드로와 요한을 함정에 빠뜨리기 위해 구상한 교묘한 유도 질문이었습니다.

> 너희 가운데 대언자나 꿈꾸는 자가 일어나 표적이나 이적을 네게 보이고 그가 네게 말한 그 표적과 이적이 이루어질 때에 이르기를, 네가 알지 못하던 다른 신들을 우리가 따라가서 그들을 섬기자 할지라도 너는 그 대언자나 그 꿈꾸는 자의 말들에 귀를 기울이지 말라. 주 너희 하나님께서 너희가 너희 마음을 다하고 혼을 다하여 주 너희 하나님을 사랑하는지 알기 위해 너희를 시험하시느니라. 너희는 주 너희 하나님을 따라 걸으며 그분을 두려워하고 그분의 명령을 지키며 그분의 음성에 순종하고 그분을 섬기며 그분을 굳게 붙들고 그 대언자나 그 꿈꾸는 자는 죽일지니 이는 그가 이집트 땅에서 너희를 데리고 나오시고 속박의 집에서 너희를 구속하신 주 너희 하나님으로부터 너희를 떼어 놓으려 하며 또 주 네 하나님께서 네게 걸으라고 명령하신 길에서 너를 밀어내려고 말하였기 때문이라. 너는 이같이 하여 네 한가운데서 악을 제거할지니라.

앉은뱅이를 고친 일은 의심할 여지없이 하나의 표적이었고, 그 도시에 있는 모든 사람들은 그 일로 경이로움에 둘러싸였습니다. 만약 베드로와 요한이 이 기적은 예수님에 의해 행해졌다는 그들의 주장을 고수했다면, 예수님이 또 다른 신이라고 이해했던 사두개인들은 하나님의 율법에 의해 그들을 사형에 처할 권한을 부여받았을 것입니다.

하나님이 사용하시는 사람은 예수 그리스도에 대한 믿음을 위해 핍박과 심지어 죽음까지도 기꺼이 감내해야 합니다.

제 6 장

"그들이 기도하기를 마치매
그들이 함께 모인 곳이 흔들리더니
그들이 다 성령님으로 충만하여
담대히 하나님의 말씀을 말하니라."

사도행전 4:31

성령 충만

만일 하나님이 당신의 삶을 사용하시기를 원한다면, 당신은 반드시 성령으로 충만해야만 합니다. 성령님을 구하며, 성령님과 동행하며, 성령님의 인도를 받으십시오. 이것들이 하나님이 사용하시는 사람들의 본질적인 특징입니다.

사두개인들에게 했던 베드로의 답변은 앉은뱅이 사건을 올바른 관점에서 바라보게 합니다. "우리는 체포되어 재판을 받고 있습니다. 그러면 우리는 무엇 때문에 조사를 받고 있습니까? 그것은 한 앉은뱅이가 걷고 있기 때문입니다. 선한 행위가 행해진 것이지요." 그의 첫머리 진술은 이 모든 소송절차가 어리석음을 드러내고 있습니다. 재판이라는 것은 친절한 행위를 실행한 자를 처벌하는 것이 아니라, 악한 행위에 대한 죄책을 결정하는 것입니다.

그렇다면 어떻게 베드로가 사두개인들의 덫을 다루는지를 유의하여 보십시오. 그는 사도행전 4:10에서 다음과 같이 선포했습니다.

> 너희 모두와 이스라엘 온 백성은 이것을 알라. 곧 너희가 십자가에 못 박고 하나님께서 죽은 자들로부터 살리신 나사렛 예수 그리스도의 이름으로 말미암아 곧 그분으로 말미암아 이 사람이 온전하게 여기 너희 앞에 서 있느니라.

헬라어로 그분의 이름은 '지저스' [Jesus]이지만, 히브리어로는 '예호슈아' [Jehoshua]이며, 그것은 "여호와는 구원이시다"를 의미합니다. 다시 말해서, 베드로는 다음과 같이 선언하고 있었습니다. "이 기적은 다른 어떤 신에 의해 행해진 것이 아니라, 육체 안에 계신 여호와에 의해 행해진 것입니다. 이스라엘의 구세주, 예수님을 죽은 자들 가운데서 일으키셨던 바로 그 동일한 능력이 이 앉은뱅이를 일으켜 세웠습니다."

그리고 나서 베드로는 시편 118:22을 인용하면서 계속해서 사두개인들을 고발했습니다.

> 이분은 너희 건축자들이 업신여긴 돌로서 모퉁이의 머릿돌이 되셨느니라.

무엇이 다르게 만들었는가?

베드로는 그들의 교활한 올가미를 피했을 뿐만 아니라, 그들을 역습하기도 했습니다. 이것이 과연 예수님과 함께 갈릴리 시골 지역을 다니며 실언만 하던 바로 그 베드로의 모습과 동일한 것입니까? 물론 아닙니다. 사도행전 4:8을 다시 읽어 보십시오. "그 때에 베드로가 성령님으로 충만하여 …." "성령님으로 충만하여"라는 말이 우리에게 그 차이를 말해 줍니다.

베드로는 성령님의 능력으로 변화되었습니다. 그는 문자 그대로 다른 사람이었습니다.

바리새인들과 사두개인들이 끊임없이 예수님을 함정에 빠뜨리려고 시도했을 때, 그분은 항상 그들의 어리석은 마음을 폭로하시고, 위축된 그들을 다시 야수의 소굴로 되돌려 보내셨습니다. 성령님의 능력 안에서 걷는 베드로와 요한은 그와 동일한 권위를 가졌습니다.

사두개인들은 베드로와 요한이 자신들을 능가하고 있다는 것을 알았습니다. 그들이 할 수 있는 모든 것은 쓸모없는 협박을 하거나, 아니면 그들을 풀어주는 것뿐이었습니다(사도행전 4:13이하).

하나님은 성령님으로 충만한 사람을 찾고 계십니다. 이러한 사람은 주님이 그리스도의 형상으로 자신을 빚으시도록 허락하여 그 삶이 변화된 사람입니다.

제 7 장

"다른 사람 안에는 구원이 없나니
하늘 아래에서 우리를 구원할 다른 이름을
사람들 가운데 주지 아니하셨느니라."

사도행전 4:12

거듭남

사도행전 4:12에 등장하는 베드로의 결정적인 타격에 주목하십시오. 그의 증언의 위력과 짝을 이룬 그의 담대함은 누구도 멈추게 할 수 없었습니다. 하나님은 이처럼 모든 계층의 사람들을 사용하실 수 있습니다. 하나님은 오늘날 그분의 증언을 기꺼이 담대하게 선포할 사람들을 찾고 계십니다. 예수 그리스도 외에 우리를 구원할 수 있는 다른 이름은 없습니다.

마태복음 26:36-46에 따르면, 예수님은 겟세마네 동산에서 세 번씩이나 그와 동일한 것에 대해 기도하셨습니다(특히, 39절).

> 오 내 아버지여, 가능하시거든 이 잔을 내게서 지나가게 하시옵소서. 그러나 내 뜻대로 하지 마옵시고 아버지의 뜻대로 하옵소서.

다시 말해서, 예수님은 하나님 아버지께 다음과 같이 요청하고 있었습니다. "십자가에서의 나의 죽음 외에 인간이 그들의 죄로부터 구원받을 수 있는 다른 어떤 길이 있다면, 그렇게 해 주소서." 예수님이 십자가에서 죽으셨다는 사실은 다른 방법이 없었다는 사실을 실증한 것입니다.

오직 한 길

만일 우리가 선한 삶을 살거나, 하나님의 율법을 지키거나, 또는 다른 어떤 수단으로 구원받을 수 있다면, 하나님이 그분의 외아들로 하여금 견디기 힘들 정도로 고통스럽고 굴욕적인 죽음을 감당하도록 하신 것은 헛된 것입니다. 그러나 예수 그리스도의 흘리신 피는 참으로 우리 구원의 유일한 수단입니다. 이러한 그리스도인의 주장의 배타적인 성격은 오늘날까지도 사람들에게 무례한 것으로 여겨지고 있습니다.

우선, 그것은 우리가 지금 있는 모습 그대로는 하나님께 받아들여질 수 없다고 말합니다. 하나님은 우리가 있는 모습 그대로 그분께 나오기를 원하십니다. 그러나 우리는 반드시 그분께서 우리를 그리스도의 형상으로 변화시키도록 기꺼이 내어드려야만 합니다. 두 번째로, 그것은 오직 한 하나님만 계시고, 하나님과 사람 사이에 오직 한 중보자, 인자이신 그리스도 예수님만 계신다고 말합니다. 이것은 거듭나지 않은 사람들에게는 편협하고 아량없는 것처럼 보입니다.

포용이 그 어떤 것보다 높이 평가되는 문화에서, 기독교는 세상의 지식 계층과 사회적인 엘리트에게 냉대를 받고 있습니다. 또한 교회는 세상의 통일을 가로막고 있다는 비난을 받습니다. 교황과 다른 종교 지도자들은 평화로운 세계 종교를 형성하기 위해 함께 일하고 있는데, 진실한 그리스도인들이 방해를 하고 있다는 것입니다. 그들이 그들의 목표를 이루기 위해서는 기독교의 배타적인 주장이 침묵해야 할 것 같습니다.

요한복음 3:3에서 예수님은, "사람이 다시 태어나지 아니하면 하나님의 왕국을 볼 수 없느니라"고 말씀하셨습니다. 그리고 나중에 요한복음 14:6에서도 그분은, "내가 곧 길이요 진리요 생명이니 나를 통하지 않고는 아무도 아버지께 오지 못하느니라"고 말씀하셨습니다.

바울은 오직 한 하나님이 계시며, 하나님과 사람 사이에 오직 한 중보자, 인자인 예수 그리스도께서 계신다고 기록했습니다.

베드로는 다음과 같이 반응했습니다.

> 다른 사람 안에는 구원이 없나니 하늘 아래에서 우리를 구원할 다른 이름을 사람들 가운데 주지 아니하셨느니라(행4:12).

하나님이 사용하시는 사람은 구원과 영생이 오직 예수 그리스도를 믿는 믿음을 통해 거듭남으로써 온다는 것을 확신하는 자입니다.

제 8 장

"이제 저들이

베드로와 요한의 담대함을 보고

그들이 학문없는 무식한 사람들인 줄로 알았으므로

이상히 여기며 또 그들이 전에

예수님과 함께 있던 줄도 알게 되고"

사도행전 4:13

담대함

사두개인들의 비난하는 질문에 대한 반응으로 베드로는 성령님의 권능을 전달했습니다. 우리는 사도행전 4:7에서 베드로가 완벽하게 그들에게 역습을 가하고, 공정하게 죄책을 그들에게 돌리는 것을 볼 수 있습니다.

사도행전 4:10-12에서, 베드로는 이렇게 선언합니다.

> 너희 모두와 이스라엘 온 백성은 이것을 알라. 곧 너희가 십자가에 못 박고 하나님께서 죽은 자들로부터 살리신 나사렛 예수 그리스도의 이름으로 말미암아 곧 그분으로 말미암아 이 사람이 온전하게 여기 너희 앞에 서 있느니라. 이분은 너희 건축자들이 업신여긴 돌로서 모퉁이의 머릿돌이 되셨느니라. 다른 사람 안에는 구원이 없나니 하늘 아래에서 우리를 구원할 다른 이름을 사람들 가운데 주지 아니하셨느니라.

최상의 교육

공회는 그들이 교육받지 못한 무식한 어부들에게 이야기하고 있었다고 생각했습니다. 이 세 개의 짧은 문장들에서, 베드로는 그의 뛰어난 신임장을 증명해 보였습니다. 베드로와 요한은 역사상 가장 위대한 선생님과의 3년간의 개인적인 교습을 방금 마쳤습니다. 게다가, 이 사두개인들이 가진 오해는 오늘날 많은 신학생들이 가지고 있는 전형적인 오해와 같습니다. 욥기에 다음과 같은 질문이 등장합니다. "누가 연구한다고 하나님을 완전하게 찾을 수 있는가?" 사실, 하나님은 지적인 탐구의 결과로 알 수 있는 분이 아니라, 계시에 의해서 알 수 있습니다.

마태복음 11:27에서 예수님은 다음과 같이 말씀하셨습니다.

> 아들과 또 아들이 아버지를 드러낼 자 외에는 아무도 아버지를 알지 못하나이다.

바울도 고린도전서 2:14에 다음과 같이 기록했습니다.

> 그러나 본성에 속한 사람은 하나님의 영의 것들을 받아들이지 아니하나니 그것들이 그에게는 어리석은 것이니라. 또 그가 그것들을 알 수도 없나니 그것들은 영적으로 분별되느니라.

하나님의 말씀을 섭취하며, 그리스도의 형상으로 지어져가는 성령으로 충만한 사람들이야말로 영적인 진리로 안내하는 최상의 안내자들입니다.

그분과 개인적으로 동행하는 것보다 하나님에 대해 알 수 있는 더 좋은 방법은 없습니다. 세상에 있는 모든 책들도 개인적인 경험과 비교될 수 없습니다.

사도행전 4:13-14에 기록된 사두개인들의 반응은 대단히 귀한 것이었습니다.

> 이제 저들이 베드로와 요한의 담대함을 보고 그들이 학문 없는 무식한 사람들인 줄로 알았으므로 이상히 여기며 또 그들이 전에 예수님과 함께 있던 줄도 알게 되고 병 고침을 받은 사람이 그들과 함께 서 있는 것을 보므로 그것을 반박할 말을 전혀 하지 못하더라.

그들은 예수님과 함께 있었고, 그것이 바로 그들의 비결이었습니다. 그 어떤 것도 예수님과 함께 있는 것을 대적할 수는 없습니다.

비난하는 자들을 잠잠하게 함

베드로와 요한의 신적인 능력의 증거가 바로 그들 앞에 서 있었습니다. 그들이 무슨 말을 할 수 있었겠습니까?

1세기에 하나님이 사람들에게 변화시키는 그분의 능력을 증명해 보이셨던 것처럼, 그분은 이 동일한 능력을 우리에게도 주셨습니다. 우리는 오늘날 우리들 가운데 하나님이 치료하신 수많은 사람들을 보게 됩니다. 하나님은 그들의 육체적인 연약함 뿐만 아니라 정신적, 감정적, 영적인 부분도 치유해 주셨습니다. 문자 그대로, 하나님은 회의론자들의 입을 막으셨습니다. 만일 그들이 그분의 능력을 부인하기 원한다면, 그들은 반드시 논의의 여지가 없는 명백한 증거를 거슬러 그렇게 해야만 합니다.

그래서 사도행전 4:15-17에 기록된 것처럼, 사두개인들은 되는 대로 사람들을 모아 재조직하려고 애써야만 했습니다.

> 저들이 그들에게 공회 밖으로 나가 있으라고 명령하고 자기들끼리 의논

하여 이르되, 우리가 이 사람들을 어떻게 할까? 그들로 말미암아 참으로 주목할 만한 기적이 이루어진 사실이 예루살렘에 거하는 모든 사람에게 드러났으므로 우리도 그것을 부인할 수 없도다. 다만 그 일이 백성 가운데 더 이상 퍼지지 못하도록 우리가 그들을 엄히 위협하여 그들이 이제부터는 이 이름으로 아무에게도 말하지 못하게 하자.

여기에 나오는 광기에 주목하십시오. 하나님의 능력의 증거는 바로 그들 앞에 서 있었습니다. 그러나 그들은 예수 그리스도가 참으로 그들의 메시아라는 유일한 합리적인 결론에 항복하기보다는, 오히려 이미 삽시간에 퍼지고 있는 그 소식을 감추기로 결정했습니다.

산헤드린은 베드로와 요한을 평가할 때, 세 가지 실수를 범했습니다. 먼저, 그들은 베드로와 요한이 무식하고 배우지 못했다고 인식했습니다. 그러나 사실상 그들은 성령님의 지혜를 가지고 있었습니다. 둘째로, 그들은 베드로와 요한이 단지 지난 세월에 예수님과 함께 있었다고 인식했습니다. 그러나 예수님이 보이지는 않지만 그들과 함께 서 계셨습니다. 그들의 세 번째 실수는 단지 협박으로 그들을 진정시킬 수 있다고 생각하는 것이었습니다. 베드로와 요한은 아주 최근에 부활하신 그리스도와 함께 걷기도 하고 대화를 나누기도 했습니다. 예수님은 개인적으로 그들에게 전 세계에 복음을 전할 사명을 위임하셨습니다. 그들은 그들이 해야만 하는 것에 관하여 의심의 여지가 없었습니다. 이는 그들이 사도행전 4:19-20에서 다음과 같이 반응했기 때문입니다.

> 하나님의 눈앞에서 너희 말을 듣는 것이 하나님의 말씀을 듣는 것보다 옳은지 너희가 판단하라. 우리는 우리가 보고 들은 것들을 말할 수밖에 없노라.

사두개인들은 또 다시 그들이 문자 그대로 하나님 자신을 대항해서 싸우고 있었음을 인식하지 못하고 여전히 항복하기를 거절했습니다. 사도행전 4:21에서 마침내 이 사건은 재판정 밖으로 던져졌습니다.

> 이처럼 모든 사람들이 이루어진 그 일로 인해 하나님께 영광을 돌리므로 그들이 백성으로 인해 그들을 처벌할 방도를 찾지 못한 채 그들을 더 위협하고 가게 하니

베드로와 요한은 산상수훈에 나오는 예수님의 권고의 결과를 목격했습니다. "이와 같이 너희 빛을 사람들 앞에 비추어 그들이 너희의 선한 행위를 보고 하늘에 계신 너희 아버지께 영광을 돌리게 하라"(마태복음 5:16). 사람들이 하나님께 영광을 돌리고 있었습니다. 이 얼마나 훌륭한 증언인지요!

단호한 태도를 취하는 것

미국의 그리스도인들은 200년이 넘는 동안 상대적인 평화와 번영을 누리며 살아 왔습니다. 그러나 만일 주님이 더 지체하시면, 우리는 믿음 때문에 핍박을 받는 것이 무엇을 의미하는지를 곧 발견하게 될 것입니다. 역사를 통틀어, 교회는 핍박 가운데서 가장 큰 성장을 경험했습니다.

바로 그것이 당신과 당신의 가족이 투옥되거나 죽는 것을 의미한다 할지라도, 당신은 기꺼이 예수님을 옹호할 것입니까? 하나님은 그분의 증언을 담대히 선언할 사람들을 찾고 계십니다.

성령님이 예루살렘에서 바울을 기다리는 것은 체포와 감금이

라고 그에게 경고하셨음에도 불구하고, 예루살렘으로 가겠다는 그의 결정에 대해 그의 친구들이 한탄하고 있을 때, 그는 다음과 같이 선언했습니다. "나는 주 예수님의 이름을 위해 예루살렘에서 결박당하는 것뿐 아니라 죽는 것도 각오하고 있노라"(사도행전 21:13).

하나님이 사용하시는 사람은 담대하게 예수 그리스도를 증거하며 뒤로 물러서지 않는 사람입니다.

제 9 장

"그러므로 너희는

하나님께 복종하라.

마귀를 대적하라.

그리하면 그가 너희에게서 도망하리라.

하나님께 가까이 나아가라.

그리하면 그분께서 너희에게 가까이 오시리라."

야고보서 4:7-8상

하나님께 복종함

공회가 마침내 베드로와 요한을 풀어 주자, 그들은 동료들에게 돌아가 그 동안 있었던 모든 일을 보고했습니다. 이에 대한 그 모임의 반응은 한 마음으로 주님을 찬양하는 기도를 드리는 것이었습니다.

이 설득력 있는 기도가 우리를 위해 사도행전 4:24-30에 기록되어 있습니다.

> 그들이 그것을 듣고 한마음으로 하나님께 목소리를 높여 이르되, 주여, 주는 하늘과 땅과 바다와 그것들 안의 모든 것을 만드신 하나님이시요, 또 주의 종 다윗의 입을 통해 이르시기를, 어찌하여 이교도들이 격노하며 백성이 헛된 일들을 꾀하는가? 땅의 왕들이 일어서며 치리자들이 함께 모여 주와 그분의 그리스도를 대적하는도다 하신 분이로소이다. 진실로 헤롯과 본디오 빌라도가 이방인들과 이스라엘 백성과 더불어 함께 모여 주께서 기름 부으신 주의 거룩한 아이 예수님을 대적하며 무엇이든지 주의 손과 주의 계획이 미리 작정하사 이루고자 하신 것

을 다 행하려 하였나이다. 주여, 이제 그들의 위협을 보시고 또 주의 종들이 전적으로 담대히 주의 말씀을 말하게 하시며 주의 손을 내밀어 병을 낫게 하시고 또 표적들과 이적들이 주의 거룩한 아이 예수님의 이름으로 이루어지게 허락하옵소서 하더라.

적절한 초점

이 기도의 구조를 주의하여 보십시오. 그들은 주님을 부르고, 그분이 누구시며 어떤 일을 행하셨는가를 고백함으로써 시작했습니다. 당신이 이 방법으로 기도를 시작하면, 당신은 상황을 적절한 관점에 놓고 보게 됩니다. 그들은 그 당시 유대주의 전체에서 가장 힘있는 사람들인 예루살렘에 있는 유대 종교의 공회에 의해 방금 위협을 받았습니다. 그러나 우주의 주권자인 주님과 대조적으로 이 모질고 불만스런 사람들의 작은 집단에 의해 그들이 받게 된 그 협박들은 아무 의미가 없었습니다. 사도 바울이 다음과 같이 기록한 것처럼 말입니다.

> 이제 우리 안에서 일하는 권능에 따라 우리가 구하거나 생각하는 모든 것 이상으로 심히 넘치도록 능히 행하실 분에게(에베소서 3:20).

그리고 그들은 하나님의 말씀(시편 2편)을 인용했습니다. 우리가 기도할 때 성경 말씀에 초점을 두게 되면, 우리는 우리 자신의 생각을 성가시게 하는 두려움들과 의심, 그리고 염려들에 주의를 기울이기보다는 하나님의 생각에 주의를 집중하게 됩니다. 그들이 하나님의 말씀을 묵상했을 때, 그들은 그 모든 상황 가운데서 하나님의 탁월함을 인식할 수 있었습니다. 하나님의 말씀은 결코 실패하지 않습니다. 그러므로 우리가 그분의 말씀에 따라 기도하면, 우리는 우리의 기도들이 그분의 뜻과 일치한다는 것과 하나님이 우리로 하여금 행하라고 부르신 일들을 성취하기 위해 필요한 능력을 확실히 받을 것임을 정말로 확신할 수 있습니다.

하나님은 우리의 삶의 모든 부분들을 통제하고 계십니다. 그분은 우리가 직면하는 문제들에 대한 모든 것을 아시며, 영원 전부터 그것들에 대해 알고 계셨습니다. 하나님께 새로운 것이란 전혀 없습니다. 그분은 놀라실 수 없으며, 우리는 그분께 친숙하지 않은 어떤 영역으로도 결코 들어갈 수 없습니다.

베드로와 요한은 하나님이 그들의 사정을 모두 알고 계셨다는 것을 깨달았습니다. 그분은 천 년이 넘도록 그것에 대해 알고 계셨고, 그것에 대해 시를 쓰도록 다윗에게 영감을 불어넣으셨습니다. 다윗이 기록했던 일들이 그 날 그들에게 일어났던 것입니다!

이와 같이, 예수님이 그분을 따르는 자들에게 모든 백성으로 제자를 삼으라는 사명을 주셨을 때, 그분은 그것이 무엇을 수반하게 될 것인지를 정확하게 알고 계셨습니다. 그분은 이미 산헤드린의 협박에 대해 알고 계셨습니다. 우리가 하나님의 뜻에 따라 기도할 때, 우리는 그분께 복종하고 있는 것이며, 우리의 믿음이 실행에 옮겨지는 것을 가능케 하는 그분의 능력에 우리의 마음을 집중하고 있는 것입니다.

비록 그들의 간구하는 것이 하나님의 말씀을 전할 담대함과 능력이었지만, 그들은 그들 자신의 관심사와 요구 사항들을 즉각적으로 제시하지 않고, 오히려 그들의 마음을 하나님의 인격에 고정시키는 것을 주목하여 보십시오. 바로 이런 관계가 그들이 방금 산헤드린으로부터 받은 협박들을 다루기 위해 그들에게 필요했던 담대함을 그들에게 제공해 주었습니다.

하나님의 뜻에 동조하는 기도보다 더 능력있는 것은 아무것도 없습니다.

만일 미국이나 한국에서 그리스도인의 복음 전도를 금지하는 법이 통과된다면, 당신은 어떻게 할 것입니까? 이것은 당신이 생각하는 것보다 더 빨리 통과될 수도 있습니다. 당신은 결과에 관계없이 사람보다 하나님께 순종하는 담대함을 가지고 있습니까?

권능있는 응답

제자들이 하나님의 뜻에 따라 기도했을 때 빚어진 결과를 주의하여 보십시오. 사도행전 4:31은 우리에게 다음과 같이 말해 줍니다.

> 그들이 기도하기를 마치매 그들이 함께 모인 곳이 흔들리더니 그들이 다 성령님으로 충만하여 담대히 하나님의 말씀을 말하니라.

그들의 기도는 응답되었습니다. 이제 그 결과를 보십시오. 사도행전 4:33에는 다음과 같이 기록되어 있습니다.

> 사도들이 큰 권능으로 주 예수님의 부활을 증거하매 큰 은혜가 그들 모두에게 임하니라.

하나님은 그분의 믿는 자들 가운데 명백하게 나타내신 기적들을 통해 그분의 사랑과 은혜와 자비를 보여주셨습니다. 그리하여 하나님은 예수님이 실제로 죽음으로부터 일어나셨다는 것과 그분이 또한 그 때나 지금이나 믿음으로 그분께 나오는 자는 누구든지 구원하실 능력을 가지고 계신다는 것을 증명해 보이셨습니다.

하나님이 사용하시는 사람은 하나님의 뜻에 전적으로 복종하는 사람입니다.

제 10 장

"하나님의 영에 의해

인도 받는 자들은

다 하나님의 아들들이니"

로마서 8:14

성령님의 인도를 받음

사도행전 4:32-37은 예루살렘에 있는 초대 교회의 재정적 합의를 묘사하고 있습니다. 모든 사람이 그들이 가진 소유를 모인 자들 모두와 함께 나누었습니다. 누군가 필요가 있다면, 공동의 기금으로 그의 필요를 채웠습니다. 그 모임에 속한 각 사람은 자신의 개인적인 재산과 소유를 자발적으로 따로 떼어놓았습니다. 처음에는 이 상황에 아무 문제가 없었습니다.

의심의 여지없이, 이러한 재정적 합의를 이루게 된 원인 가운데 하나는 임박한 그리스도의 재림에 대한 그들의 신앙이었습니다. "곧 하늘나라에 있을텐데 내가 왜 여기 이 땅에 있는 내 재산에 대해 걱정을 해야 할까? 결국, 모든 것은 어쨌든 다 타서 없어질 텐데."

주의하십시오. 그들의 재산을 팔아 그것을 교회에 내놓으라고 그들에게 명령하는 구절은 성경 어디에도 없습니다. 사람들이 그들의 재산을 팔았고, 그 수익금을 사도들에게 가져왔으며, 사도들은 각 사람의 필요에 따라 그것을 나누어 주었을 뿐이라고 단순하게 누가는 진술하고 있습니다. 이러한 모든 것이 자발적으로 이루어졌음에도 불구하고, 당신은 사람들이 이러한 열심에 어떻게 몰두하게 되는지를 알 수 있습니다. 그것이 성령님의 인도를 받지 않았음에도 불구하고, 곧 모든 사람이 이 일에 관여하게 된 것입니다. 그것은 단순히 해야 할 일이 되어버렸습니다.

성령 혹은 육체?

이것은 영적인 것이 어떻게 급속히 육적인 것으로 변할 수 있는지를 보여주는 완벽한 예입니다. 교회에 속한 사람들이 사도들에게 거액의 돈을 가져왔을 때, 그들의 기부는 나머지 교인들에 의해 주목을 받습니다. 그것은 행해야 할 "영적인" 일이 될 것입니다.

곧바로 사람들은 그 모임의 관심을 끌기 위해 기부를 하게 되었고, 이는 엄청나게 육체를 기쁘게 하는 것이 되었습니다. 우리는 주의를 기울여서 우리 자신의 삶 속에 있는 이러한 유형의 육체적인 희열을 반드시 경계해야 합니다.

이것은 오늘날 교회에서 많이 일어나는 소위 부흥이라는 것들이 가지고 있는 문제들 가운데 하나입니다. "Holy Laughter"라는 운동을 예로 들어 봅시다. 사람들이 웃으며 바닥에서 구를 때, 그들은 다른 사람들의 관심을 끌며 치명적으로 그 예배를 분열시켜 버립니다. 회중의 관심이 하나님의 말씀으로부터 떠나 이상야 릇하게 행동하고 있는 한 개인에게 집중되어 버립니다. 표면적으로 보면, 이 모든 의식이 철저하게 영적인 것처럼 보일 수 있습니다. 그러나 면밀히 조사해 보면, 그것은 사실상 육체를 높이는 수단일 뿐입니다.

나는 개인적으로 예루살렘에 있는 초기의 믿는 자들이 그들의 모든 재산을 공동의 기금으로 내놓았을 때, 그들이 실수했다고 믿습니다. 사도행전의 바로 그 다음 장에서, 우리는 그 첫 번째 문제점을 보게 됩니다. 아나니야와 삽비라는 그들의 관용을 인정받고자 하는 열망이 매우 컸습니다. 그래서 그들은 성령님께 거짓말을 했고, 마침내 하나님에 의해 죽임을 당하게 되었습니다.

과부들에게 재정을 분배하는 것에 관하여 유대인들과 헬라인들 사이에 분열이 일어났을 때, 즉 사도행전 6장에서 우리는 더 진일보된 문제점들을 보게 됩니다. 물론 그에 따른 궁극적인 결과로, 그들은 마침내 파산했습니다. 그리고 사도 바울은 예루살렘에 있는 가난한 형제들의 필요를 채우기 위해 이방인 교회들로부터 헌금을 모아야 했습니다.

우리에게 주는 교훈 배우기

불행하게도, 교회 역사를 통틀어 다른 집단들도 초대 교회로부터 교훈을 배우는 데 실패했고, 그들과 동일한 곤경에 빠졌습니다. 1800년대에 밀러(Miller) 집단이라고 알려진 한 모임은 그들의 소유물을 팔아, 흰 예복을 입고 주님의 재림을 기다리기 위해 함께 모였습니다. 그들의 지도자인 윌리엄 밀러(William Miller) 목사는 다니엘서의 조잡하고 잘못된 해석을 통해, 예수님이 특정한 어느날에 재림한다는 하나님의 계시를 받았다고 느꼈습니다. 이 집단에 속한 많은 사람들은 재정적인 재앙뿐만 아니라, 영적인 재앙까지 겪어야만 했습니다.

여호와 증인들은 온갖 종류의 날짜를 주님의 재림의 날로 정했으나, 그것은 틀린 것으로 판명되었습니다. 그리고 그들의 조언을 따르던 모든 이들은 영적인 분별력의 부족으로 상처를 받았습니다. 가장 최근에는 16세의 한국 소년이 예수님이 다시 오실 것을 예언했습니다. 그는 한국인 사회에 속한 많은 사람들로 하여금 그들이 소유한 모든 것을 팔아, 그 돈을 그에게 바치도록 설득시켰습니다. 그 결과 그는 사기 혐의로 감옥에 가고 말았습니다. 나는 당신이 당신의 삶 속에서 성령님의 인도하심을 확신하기를 진심으로 권고합니다.

하나님이 사용하시는 사람은 성령님의 인도를 받는 사람입니다.

제 11 장

"그러므로
내 안에 있는 분량대로
나는 로마에 있는 너희에게
복음을 선포할 준비가 되어 있노라.
내가 그리스도의 복음을
부끄러워하지 아니하노니"
로마서 1:15-16상

타협하지 않음

사도행전 5장은 아나니아와 삽비라의 기사로 시작됩니다. 이 부부는 그들이 가진 모든 것을 헌금한다고 주장했지만, 사실상 그들은 토지의 한 구획을 팔아 그 수익금의 일부만을 교회에 헌금하기로 공모했습니다. 이것때문에 하나님은 그들을 바로 그 자리에서 죽이셨습니다. 이제 우리가 고려해야 할 중요한 사항은 바로 아나니아와 삽비라의 죄가 무엇이었는가라는 것입니다.

사도행전 5:3-4에 있는 베드로의 진술에 주목하십시오.

> 아나니아야, 어찌 사탄이 네 마음에 가득하여 네가 성령님께 거짓말을 하고 땅 값의 얼마를 감추었느냐? 땅이 남아 있었을 때에 네 것이 아니었느냐? 그것을 판 뒤에도 네 마음대로 할 수 있지 아니하였느냐? 네가 어찌하여 이 일을 네 마음속에 품었느냐? 네가 사람에게 거짓말하지 아니하고 하나님께 하였도다.

무엇이 잘못되었는가?

하나님은 아나니야와 삽비라에게 그들이 가진 모든 것을 교회에 내놓으라고 요구하지 않으셨습니다. 그들의 죄는 이기심이나 탐욕에서 비롯된 것이 아니었고, 교회의 소유를 빼돌리는 것과 같은 것도 아니었습니다. 사실상, 그들은 교회에 어떤 것도 내놓을 것을 요구받지 않았습니다. 그들의 죄는 위선이었습니다. 그들은 회중을 속여 그들이 실제보다 더 영적이라고 생각하도록 만들려고 했습니다.

역사를 통틀어, 우리는 성령님이 순결의 분위기 안에서 그 역할을 다하시는 것을 발견합니다. 만일 우리가 우리의 삶 속에 성령님이 역사하시기를 원한다면, 우리가 취해야 할 첫 번째 단계는 우리의 죄들을 회개하는 것입니다. 우리가 모든 불의로부터 우리를 깨끗하게 하시도록 주님께 자리를 내어드릴 때, 비로소 우리의 삶속에서, 그리고 뒤이어 교회 생활에서 그분이 일하시도록 문을 여는 것이 됩니다. 그러나 영광을 받고자 하는 인간의 욕망에서 비롯된 위선이 슬며시 기어들어오기 시작하는 순간, 분위기는 오염되고, 하나님의 사역은 방해를 받게 됩니다.

죽음의 분리

사도행전 5장에 있는 누가의 기사에는 아나니야와 삽비라가 쓰러져 마지막 숨을 쉬었다고, 혹은 킹제임스 흠정역으로는 "숨을 거두었다"고 기록되어 있습니다. 사람이 숨쉬기를 멈추면, 산소는 더 이상 뇌에 전달되지 않습니다. 만일 뇌가 그 기능을 멈추면,

우리는 법적으로 그 사람을 죽은 것으로 간주합니다. 그러나 성경에 나오는 더 근본적인 죽음의 정의는 "분리" 입니다. 육체의 죽음이 몸으로부터 사람의 의식의 분리라고 하면, 영적인 죽음은 하나님으로부터 사람의 의식의 분리를 말하는 것입니다.

만일 어떤 사람이 하나님에 대한 의식이 없이 살고 있다면, 영적 견지에서 볼 때, 그 사람은 죽은 것입니다. 영적으로 죽은 사람은 하나님과 영적인 교제를 나누지 못합니다. 그는 하나님을 추구하거나 그분에 대해 생각할 마음의 공간을 가지고 있지 않습니다. 그래서 바울은 디모데전서 5:6에서, 이 사람은 여전히 살아 있으나 죽은 것이라고 말하고 있습니다. 그는 또한 에베소서 2:1에서, 우리가 믿음으로 그리스도께 나아올 때, 우리는 살게 된다고 말합니다. 그리고 예수님은 요한복음 11:25-26에서 다음과 같이 약속하셨습니다.

> 나는 부활이요 생명이니 나를 믿는 자는 죽어도 살겠고, 누구든지 살아서 나를 믿는 자는 결코 죽지 아니하리라.

다른 말로 하면, 그리스도를 믿는 자는 누구든지 하나님으로부터 결코 의식적으로 분리되지 않습니다. 그래서 어떤 사람이 [육체적으로] 살아 있으면서 [영적으로] 죽어 있을 수 있습니다. 그러나 어떤 사람은 [육체적으로] 죽은 후에 [영적으로] 살아 있을 수도 있습니다.

예수님은 요한복음 3장에서 우리가 하늘의 왕국에 들어가기 위해서 반드시 다시 태어나야만 한다고 가르치셨습니다. 우리는 분명히 육체적으로 태어나야만 합니다. 그러나 우리 삶의 어느 순간에 우리는 또한 영생을 얻기 위해 반드시 영적으로 태어나야만 합니다. 아담으로부터 여러 세대를 통하여 내려온 인류의 원죄 때문에 우리는 영적으로 죽은 상태에서 태어납니다. 아담이 내버렸던 하나님과의 관계를 얻기 위해 우리는 "거듭남"(born again)이라는 영적인 출생을 반드시 경험해야 합니다. 그래서 본질적으로 우리에게는 두 가지 출생과 두 가지 죽음이 있습니다. 만일 당신이 두 번 태어나면, 당신은 한 번만 죽게 될 것입니다. 그러나 만일 당신이 한 번만 태어나면, 당신은 두 번 죽게 될 것입니다. 부활하신 그리스도도 요한계시록 21:8에서 이러한 사실에 대해 우리에게 경고하셨습니다.

> 그러나 두려워하는 자들과 믿지 않는 자들과 가증한 자들과 살인자들과 음행을 일삼는 자들과 마법사들과 우상 숭배자들과 거짓말하는 모든 자들은 불과 유황으로 타는 호수에서 자기 몫을 받으리니 이것이 둘째 사망이라.

성령님의 본질

아나니아와 삽비라의 기사에 다른 요소가 하나 더 있음을 유의하십시오. 사도행전 5:3-4에서 베드로는 다음과 같이 물었습니다. "아나니아야, 어찌 사탄이 네 마음에 가득하여 네가 성령님께 거짓말을 하고, … 네가 사람에게 거짓말하지 아니하고, 하나님께 하였도다." 이 구절로부터 우리는 두 개의 구별된 진리를 관찰할 수 있습니다. 하나는, 성령님이 하나님이시라는 것입니다. 그분은 삼위일체 하나님의 세 인격 가운데 한 분이십니다. 그리고 이 구절은 그 사실을 특별하게 진술하는 많은 성경 구절들 중 하나입니다. 그래서 만일 누군가가 삼위일체의 교리는 사람이 만든 신앙이라고 한다든지, 또는 그것은 성경에서 찾아볼 수 없다고 주장하면, 이 구절들은 그러한 어리석은 생각을 확실하게 반박할 것입니다.

우리가 여기에서 관찰할 수 있는 두 번째 사실은, 많은 사람들이 종종 틀리게 가르치는 것처럼 성령님은 비인격적인 힘이 아니라 인격체라는 것입니다. 아나니야가 성령님께 거짓말을 했다는 것에 유의하십시오. 내가 중력이나 전기에게 거짓말을 했다고 진술하는 것은 어리석은 짓이 될 것입니다. 왜냐하면 나는 비인격적인 힘에게 거짓말을 할 수 없기 때문입니다. 성령님은 하나님이시고, 우리는 그분과 인격적인 관계를 가질 수 있습니다.

진지한 믿음

하나님이 아나니야와 삽비라를 그 자리에서 죽게 하시자, 그 결과 어떤 일이 벌어졌습니까? 사도행전 5:11에 다음과 같이 진술되어 있습니다. "온 교회와 이 일들을 들은 모든 사람들에게 큰 두려움이 임하더라."

사람들은 하나님과의 관계에 대해 진지해졌고, 그 결과 성령님은 그들 가운데서 엄청난 기적들을 행하셨습니다. 그 소식은 널리 퍼졌고, 사람들은 수천 명씩 그리스도를 믿는 믿음으로 나아왔습니다. 그러자 하나님이 그분의 백성 가운데서 활동하시기 시작했을 때, 믿지 않는 자들의 전형적인 반응처럼, 사두개인들은 신경질적이 되었습니다. 그들은 더 많은 질문과 협박을 하기 위해 다시 한 번 사도들을 재판정으로 잡아들였습니다.

이 사실은 사도행전 5:18에서부터 기록되어 있습니다. 그들은 사도들 모두를 붙잡아다 감옥에 가두었습니다. 그러나 밤에 한 천사가 옥문을 열고 그들을 풀어주며, 성전으로 가서 그동안 일어난 일들을 모든 사람들에게 말하라고 명령했습니다. 그 다음날 아침 수제사장들이 사도들을 소환했을 때, 관원들은 감옥 문이 잠겨 있고 간수들은 모두 감방 밖에 서서 지키고 있었음에도 불구하고, 감옥은 비어 있었다고 보고했습니다.

누가는 사도행전 5:25에서 다음과 같은 이야기를 들려줍니다.

> 그 때에 어떤 사람이 와서 그들에게 고하여 이르되, 보소서, 당신들이 감옥에 가두었던 사람들이 성전에 서서 백성을 가르치고 있나이다.

바로 이 순간 대제사장이 무엇을 생각했을지 상상해 보십시오!

사도행전 5:28에 나오는 사도들에 대한 비난의 내용에 유의하십시오.

> 이르되 너희가 이 이름으로 가르치지 말라고 우리가 너희에게 엄히 명령하지 아니하였느냐? 그런데 보라, 너희가 너희 교리를 예루살렘에 가득하게 하였으며 또한 이 사람의 피를 우리에게 돌리고자 하는도다.

수제사장들은 복음에 대한 선교 때문에 그리스도의 피에 대한 죄의 값이 그들의 머리에 쌓아올려질 것을 우려했습니다. 이것은 그들이 예수님을 십자가에 못박으려고 애쓰고 있을 때, 그들이 본디오 빌라도에게 이미 했던 진술에서 완전히 반전된 것이었습니다. 거기에서 그들은 다음과 같이 말했습니다. "그의 피가 우리와 우리 자손에게 돌아오리이다" (마27:25).

다시 한 번, 사두개인들은 사도들에게 복음에 대한 설교를 멈추라고 명령했으나, 사도들은 다시 한 번 그들이 사람보다 오히려 하나님께 순종해야만 한다고 대답했습니다. 그들은 사두개인들로 하여금 그들의 우선순위가 무엇인가를 분명히 알게 했습니다.

당신의 우선순위는 무엇입니까? 당신은 사람보다 오히려 하나님께 순종합니까? 아니면, 이 세상의 명령에 따라 타협합니까? 하나님이 사용하시는 사람은 타협하지 않는 사람입니다.

제 12 장

"이에 베드로와
다른 사도들이 응답하여 이르되,
우리가 사람들보다 하나님께 순종하는 것이
마땅하니라."

사도행전 5:29

순종함

사도행전 5:28에서 공회는 사도들을 엄밀히 조사했습니다. "너희가 이 이름으로 가르치지 말라고 우리가 너희에게 엄히 명령하지 아니하였느냐?" 그러자 베드로는 사도행전 5:29에서 다음과 같이 반응했습니다. "우리가 사람들보다 하나님께 순종하는 것이 마땅하니라." 여기에 사용된 "마땅하다"(ought to, KJV)라는 말은 헬라어로부터 더 정확하게 번역하면 "반드시…해야만 하다"(must)입니다. 그것은 신적인 명령입니다. 하나님의 부르심은 고집스럽게 믿지 않는 사람들의 명령보다 훨씬 더 중요합니다.

예수 그리스도께서는 그분의 모든 제자들에게 그분이 승천하신 때부터 재림하실 때까지 온 세상에 복음을 선포하라는 사명을 주셨습니다. 그분은 심지어 사람들이 그 메시지를 받아들이지 않을 것이라며, 우리는 그것을 전하는 것만으로도 핍박을 받을 것이라고 말씀하셨습니다. 당신은 베드로와 함께, "나는 반드시 사람보다 하나님께 순종해야만 합니다"라고 선언할 수 있습니까? 이것은 참으로 신적인 명령입니다.

베드로는 사도행전 5:30-32에서 증거하기를 계속했습니다.

> 너희가 나무 위에 매달아 죽인 예수님을 우리 조상들의 하나님께서 일으키시고, 이스라엘에게 회개와 죄들의 용서를 주시려고 자신의 오른손으로 그분을 높이사 통치자와 구원자가 되게 하셨느니라. 우리는 이 일들에 대하여 그분의 증인이요, 하나님께서 자신에게 순종하는 자들에게 주신 성령님도 그러하니라 하더라.

누가복음 11:13에서 예수님은 하늘에 계신 우리 아버지께서는 그분께 구하는 자들에게 성령님을 주실 것이라고 말씀하셨습니다. 이제 여기 사도행전 5:32에는 하나님께 순종하는 자들에게 그분께서 성령님을 주신다고 기록되어 있습니다.

메시지에 대한 반응

사도행전 5:33은 베드로의 담대한 선언에 대한 수제사장들의 반응을 보여줍니다. "그들이 이 말을 듣고 마음이 상하여 사도들을 죽이려고 의논하더라." 성령님의 유죄 판결은 사람들에게 흥미로운 일들을 행할 것입니다.

어떤 이들에게는 그것이 회개를 가져오는가 하면, 또 다른 이들에게는 그것이 분개와 격노를 가져옵니다. 동일한 태양이 밀랍은 녹이고 진흙은 단단하게 하는 것과 같은 이치입니다. 이 사람들은 그 메시지에 너무 분노한 나머지, 그 메시지를 전한 사람들을 죽이고 싶어 했습니다.

그래서 그들이 어떤 조치를 취할 것인지를 논의하는 동안, 그들은 사도들을 재판정 밖에 두었습니다. 모든 이들로부터 존경받는 능통한 율법학자인 가말리엘이라는 이름을 가진 한 바리새인이 말하려고 앞에 나섰습니다. 그는 공회가 합리적으로 생각하기를 그만두었다는 것을 알 수 있었습니다. 그들은 너무 화가 나 있어서, 문자 그대로 그들은 사도들을 갈기갈기 찢을 준비가 되어 있었습니다. 비록 가말리엘 자신이 아직은 그리스도를 믿지는 않았을지라도, 그의 메시지는 간단하지만 깊은 진리를 포함하고 있었습니다.

그는 자칭 메시아라 하는 자들이 여러 해에 걸쳐서 이미 나타났다가 사라졌음을 그들에게 상기시키면서 말을 시작했습니다. 그는 사도행전 5:38-39에서 계속해서 말했습니다.

> 이제 내가 너희에게 말하노니, 이 사람들에게서 물러나고 그들을 내버려 두라. 이 계획이나 이 일이 사람들에게서 났으면 없어지리라. 그러나 만일 그것이 하나님에게서 났으면 너희가 그것을 무너뜨리지 못하겠고 도리어 너희가 하나님과 싸우는 자로 드러날까 염려하노라.

사울의 항복

나중에 사도 바울이 된 다소(Tarsus) 사람 사울은 개인적으로 가말리엘에게 지도를 받았습니다. 그리고 사울 또한 바리새인이었으므로, 그는 이 일이 발생하는 동안 그 자리에 있었을 것입니다. 사도행전 6장의 기사에서 사울은 스데반을 돌로 쳐서 죽이기로 했던 공회의에 동의했습니다. 이로부터 우리는 복음의 메시지에 대한 사울의 극단적인 경멸을 엿볼 수 있습니다. 그 후 사울은 다마스커스로 여행을 했는데, 그는 이곳에서 그리스도를 따르는 자들을 더 많이 체포할 계획을 가지고 있었습니다. 그러나 도중에, 사도행전 9장에 기록된 것처럼, 예수님은 빛 가운데 그에게 나타나셨습니다. 사울이 땅에 쓰러졌을 때, 그는 다음과 같이 그에게 말씀하시는 예수님의 목소리를 들었습니다. "사울아, 사울아, 어찌하여 네가 나를 핍박하느냐?" 이에 대해 사울은 두 가지 질문으로 반응했습니다. 먼저는 "주여, 누구시니이까?"이며, 그 뒤 "예수"라는 답변을 듣고 나서 그는 다음과 같이 물었습니다. "주여, 내가 무엇을 하기 원하시나이까?"

마침내 사울은 가말리엘의 진술을 이해했습니다. "만일 그것이 하나님에게서 났으면 너희가 그것을 무너뜨리지 못하겠고 도리어 너희가 하나님과 싸우는 자로 드러날까 염려하노라." 다행히도 사울은 예수님께 자신의 의지를 내어드렸습니다. 그래서 마침내 그의 삶의 마지막에 그는 의기양양하게 다음과 같이 선언할 수 있었습니다(디모데후서 4:7-8).

> 내가 선한 싸움을 싸우고 나의 달려갈 길을 마치고 믿음을 지켰은즉 이후로는 나를 위하여 의의 관이 예비되어 있나니 주 곧 의로우신 심판자께서 그 날에 그것을 내게 주실 것이요, 내게만 아니라 그분의 나타나심을 사랑하는 모든 자들에게도 주시리라.

고통의 특권

다시 한 번, 공회는 사도들에게 그리스도를 전도하는 일을 그만둘 것을 명령했습니다. 그들은 다시 사도들을 협박했는데, 이번에는 그들이 사도들을 매로 쳤습니다. 사도들은 이 일에 대해 어떻게 반응했습니까? 그들은 그들이 예수님의 이름을 위해 부끄러움을 당할 가치가 있는 자들로 하나님이 그들을 인정해 준 것에 대해 즐거워했고, 듣고자 하는 자에게는 누구든지 가르치기를 계속했습니다. 여기에서 유의할 것은, 우리의 태도가 여러 가지 상황 속에서 어떠한 차이를 만들어낼 수 있다는 것입니다. 사도들은 뒤로 물러나기보다는 육체적인 고통과 공개적인 굴욕을 복으로 생각했습니다. 하나님은 이런 태도를 가진 사람들을 크게 사용하실 것입니다.

하나님이 사용하시는 사람은 그의 주님, 예수 그리스도께 순종하는 사람입니다.

제 13 장

"주께서 이르시되,
그런즉 자기 주인으로부터
그의 집안 사람들을 넘겨받아 다스리며
제 때에 그들에게 그들 몫의 양식을
나누어 줄 신실하고 지혜로운 청지기가 누구냐?"

누가복음 12:42

선한 청지기

사도행전 6:1에서 누가는 다음과 같이 기록했습니다.

> 그 무렵에 제자들의 수가 크게 늘어났는데 그리스말 하는 사람들이 자기들의 과부들이 날마다 주는 배급에서 빠지므로 히브리 사람들에게 불평을 터뜨리니라.

히브리인들과 헬라인들은 누구이며, 왜 그들은 다투고 있었습니까? 헬라인들은 그리스 문화를 따르던 유대인들이었고, 히브리인들은 더 엄격하게 정통 유대 문화를 고집하던 자들이었습니다.

이 두 집단 사이에 신학적인 차이는 거의 없었습니다. 단지 서로 다른 문화를 따르고 있었을 뿐입니다.

헬라인들은 그들의 과부들이 소홀히 대접받고 있다고 느꼈기 때문에 불평했습니다. 기억해 보십시오. 예루살렘의 그리스도인들이 경험했던 한 가지 문제는 교회 안에 있는 가난한 개인들에게 공동 기금을 분배하는 행정상의 부담이었습니다. 그리고 시간이 갈수록 이러한 노력의 복잡성은 더 커졌습니다. 사도들은 이 문제로 그들의 시간이 너무 많이 빼앗기고 있다는 것을 인식하고 교회 회의를 소집했습니다.

오래된 문제

사도들은 하나님의 말씀을 가르치도록 부름을 받았지, 교회 안에서 모든 작은 사소한 말다툼을 중재하도록 부름받은 것은 아니었습니다. 목사와 교사와 복음전도자로 부름을 받은 자들이 주님 앞에서 그들 본연의 일을 행하기 위해서는 무엇인가 필요한 조치가 취해져야만 했습니다. 그들의 해결책은 최초로 집사들의 무리를 세우는 것이었습니다.

오늘날의 교회도 여전히 이러한 문제를 가지고 있는데, 특히 시골에 있는 작은 교회들이 그렇습니다. 이 작은 회중들에 속해 있는 사람들은 종종 목사가 그들의 모든 필요를 만족시켜 주기를 기대합니다. 내가 작은 교회에서 목회했을 때, 나는 병자를 방문하고, 결혼 생활에 관련된 문제들을 상담하고, 과부와 집에만 틀어박힌 자들을 위해 운전사로 섬겨 줄 것들을 요구받았습니다. 이러한 활동들이 요구되어 행하는 동안, 그것들은 매주 하나님의 말씀을 가르치기 위해 철저히 준비되었던 목사들을 하나씩 교회로부터 강탈해 갔습니다.

목사들 또한 인간이며, 그들도 매일 24시간을 가지고 있을 뿐입니다. 만일 담임 목사가 교회 행정에 그의 모든 시간을 쓴다면, 그는 기도와 말씀 연구, 혹은 설교 준비를 위한 시간을 갖지 못할 것입니다.

덧붙여서 말하면, 많은 시간을 상담에 소비하는 것은 바로 개인적인 기도의 시간을 소홀히 하는 자들로 인해 빚어진 결과입니다. 이러한 사람들은 일반적으로 성경 읽기와 다른 믿는 자들과 교제하는 것과 매주 이루어지는 성경 공부에 주의를 기울이는 것 등을 소홀히 합니다.

가장 좋은 상담자

수 년 전, 나의 부목사들 중 한 사람이 여러 가지 논제들과 관련해서 설교 테이프에 번호표를 만들었습니다. 그리고는 어떤 사람이 자신의 길고 슬픈 사연을 모두 쏟아놓을 때마다, 그는 단지 이렇게 말했습니다. "당신은 5622번 테이프가 필요하니, 교회 서점에 가서 그것을 찾아보세요. 다음 사람!"

비록 표면적으로 볼 때, 이러한 유형의 접근법이 냉정하고 부주의한 것처럼 보일 수도 있지만, 여기에 담겨 있는 근본적인 원리는 하나님이 우리의 최상의 상담자시라는 사실입니다. 사도 바울은 에베소의 장로들에게 사도행전 20:26-27에서 이렇게 진술했습니다.

> 그러므로 내가 이 날 너희를 데려다가 증언하게 하거니와 내가 모든 사람의 피로부터 깨끗하니, 이는 내가 지금까지 회피하지 아니하고 하나님의 모든 계획을 너희에게 밝히 말하였기 때문이라.

여기 갈보리 채플에서, 우리는 하나님의 말씀을 한 절씩, 한 장씩, 창세기에서 요한계시록까지, 즉 하나님의 권고(모사, counsel) 전체를 가르칩니다. 삶에서 겪는 모든 문제는 성경에서 다루어지고 있습니다. 만일 당신이 하나님의 말씀 전체를 부지런히 공부한다면, 당신은 부족한 것이 전혀 없을 것입니다.

우선순위 지키기

초대교회에 있었던 이러한 어려움을 통해, 사도들은 그들의 부르심의 우선순위가 두 가지였다는 것을 깨달았습니다. 바로 기도와 말씀 사역이었습니다. 그래서 그들은 교회의 행정을 주도할 평판이 좋고, 성령과 지혜가 충만한 일곱 사람을 지명했습니다. 사도들은 기도하고 안수함으로써 일곱 집사들을 임명했습니다. 교회 사역을 맡도록 부름받은 이들을 안수하는 것은 우리가 오늘날 여전히 실행하고 있는 아름다운 관습입니다.

하나님이 사용하시는 사람은 선한 청지기로서 하나님이 그에게 맡기신 일들을 성실하게 감당하는 사람입니다.

제 14 장

"그의 주인이 올 때에
그가 그렇게 하고 있는 것을 보면
그 종이 복이 있도다."

누가복음 12:43

신실한 종

사도행전 6:7에서 일어났던 것에 주목하십시오. "하나님의 말씀이 자라나서 예루살렘에서 제자들의 수가 크게 늘어나고…." 하나님은 그분의 말씀을 먹임으로써 그분의 무리가 강해지도록 하셨습니다. 그리고 나면 건강한 양이 건강한 양을 낳습니다. 다른 말로 하면, 하나님은 덧셈이 아닌 곱셈으로 그분의 무리를 증가시키십니다.

그러나 이 경우에 하나님은 곱셈을 하시기 전에 먼저 뺄셈을 하셔야만 했다는 것에 또한 유의하십시오. 하나님이 아나니야와 삽비라를 죽음으로 다루시는 것이 교회의 장기적인 건강을 위해 절대적으로 필요했습니다. 그때서야 비로소 그분은 교회에 곱셈으로 복을 주실 수 있었습니다. 하나님은 큰 수에 관심이 없으십니다. 그분은 우리가 그분께만 초점을 맞추는 힘있고 역동적인 교회가 되기를 원하십니다. 만일에 사역 안에 교회를 분열시키고자 하는 사람들이 있다면, 하나님은 그들을 회개에 이르게 하시든지, 아니면 그들을 내보내시든지 하기를 원하십니다. 그러니 하나님이 뺄셈을 행하실 때 슬퍼하지 말고, 다만 가까운 장래에 있을 하나님의 곱셈을 바라보십시오!

작은 일들이 중요합니다

식사 시중을 들고, 구제 기금을 나누어 주고, 일반적으로 교회 운영에 필요한 모든 세세한 것들을 관리하기 위해 일곱 사람이 선택되었습니다. 오늘날 우리의 교회는 이러한 능력을 가진 많은 사람들을 필요로 합니다. 청소원, 주차 요원, 좌석 안내원, 사무원, 접수계원, 주일학교 교사들, 상담원, 중보 기도자들 등등. 이러한 직책들이 어떤 이들에게는 미천한 것처럼 보일지 모르나, 그것들은 모두 교회의 원활한 기능을 위해서는 절대적으로 필요합니다.

만약 하나님이 당신을 청소원으로 부르셨다면, 골로새서 3:17에 있는 바울의 권고를 따르기 바랍니다. "또 무엇을 하든지 말에나 행위에나 다 주 예수님의 이름으로 하며 그분을 힘입어 하나님 곧 아버지께 감사를 드리라." 교회 주변을 깨끗이 청소하는 것은 주님을 섬기는 사역입니다. 만일 우리가 이런 신실함으로 그것을 행한다면, 우리는 복음을 설교하는 어떤 사람과 동일하게 주님에 의해 복을 받게 됩니다.

그런데 흥미로운 것은 어떤 사람이 청소원으로 주님을 위해 신실하게 일할 때, 그는 거의 청소원으로 남아 있지 않는다는 것입니다. 한때 우리 교회의 청소원이었던 많은 사람들이 지금은 그들의 교회에서 담임 목사로 섬기고 있습니다. 만일 우리가 작은 일에서 주님께 신실하면, 그분은 우리를 훨씬 더 큰 책임의 자리에 올려놓으실 것입니다.

나중에 사도행전에서, 우리는 일곱 집사 중 두 사람, 즉 스데반과 빌립의 이야기를 읽게 되는데, 하나님은 이들을 그분의 말씀을 설교하도록 높이셨습니다. 하나님은 매우 강력하고 설득력 있는 메시지를 전하는 데 스데반을 사용하셨습니다. 그 결과, 그의 청중은 그가 그의 설교를 마치기도 전에 그를 돌로 쳐 죽였습니다.

하나님은 전에 식사 시중을 들던 스데반에게 최초의 그리스도인 순교자가 되는 영예를 주셨습니다. 이와 마찬가지로, 빌립도 위대한 1세기의 복음 전도자들 중에 하나가 되었습니다. 사실상, 사도행전 8장에서 하나님은 에디오피아의 고향으로 돌아가는 길에 이사야서 두루마리 성경을 읽고 있던 한 내시에게 복음을 전하도록 하기 위해 한창 부흥이 일어나고 있던 사마리아로부터 빌립을 불러내셨습니다. 그 사람은 그리스도에 대한 믿음을 갖게 되었으며, 광야에서 침례를 받고 집으로 돌아가, 고향 사람들에게 복음을 전해 주었습니다. 역사는 북아프리카 전역에 걸쳐 수천의 사람들이 이 사람의 간증으로 주님께 나왔다는 사실을 우리에게 보여주고 있습니다.

하나님은 작은 일들에서 기꺼이 그분을 섬기고자 하는 사람들을 사용하십니다. 하나님이 사용하시는 사람은 신실한 사람입니다.

제 15 장

"사도들이 자기들이
그 분의 이름으로 인하여
수치당하는 일에 합당한 자로 여겨진 것을
기뻐하며 공회 앞을 떠나니라.
그들이 날마다 성전에서와 모든 집에서
예수 그리스도를 가르치고 선포하는 것을
그치지 아니하니라."

사도행전 5:41-42

하나님이 사용하시는 사람

어떤 사람을 하나님은 사용하십니까? 하나님은 매일 십자가 앞에 나오는 사람, 즉 자기 자신을 위해 야망을 가지고 있지 않는 사람을 사용하십니다. 하나님은 자신의 삶을 통해 그리스도를 영화롭게 하고, 그분께 영광을 돌리는 사람을 사용하십니다. 하나님은 사람들의 박수갈채를 추구하기를 거절하는 사람, 즉 예수님처럼 하나님의 뜻에 복종하는 일에 집중하는 사람을 찾고 계십니다. 하나님은 그분이 받으실 만한 거룩한 산 희생 헌물로 저희 자신의 몸을 기꺼이 드리고자 하는 사람을 찾고 계십니다.

기꺼이 하겠습니까?

우리는 예수님이 그분의 신부를 위해 재림하시기 직전의 마지막 날들을 살고 있습니다. 그리고 나는 하나님이 그분의 의로운 심판이 있기 전에 이 세상에게 그분의 사랑과 은혜와 자비에 대한 마지막 증거를 보여주기 원하신다고 믿습니다. 대언자 요엘은 이른 비와 늦은 비에 대해 말했습니다(요엘서 2:23). 나는 주님이 전세계에 걸쳐서 그분의 영을 부어주시기를 기도하고 있습니다. 그로 인해 우리가 참된 부흥을 보게 될 것인데, 이는 사람에게 주의를 집중시키는 "서커스" 분위기가 아닌 예수 그리스도께로 사람들을 이끄는 참된 방식입니다.

아담의 원죄 이래, 하나님은 그분의 목적을 성취하시기 위해 그분이 사용하실 수 있는 사람을 계속해서 찾으셨습니다. 창세기에서 우리는 이러한 사람에 대한 간단한 증언을 찾아볼 수 있습니다. "에녹이 하나님과 함께 걷더니" (창세기 5:24).

여기 이 땅에서의 당신의 삶에 종말이 올 때, 당신은 하나님과 동행했던 사람으로 알려지기를 원하십니까? 당신은 바로 지금 성령님이 당신의 삶을 주관하시도록 기꺼이 허락하시겠습니까? 에스겔의 시대 동안, 하나님은 하나님 자신과 죄 많은 이스라엘 백성 사이의 간격을 메우고 서 있을 사람을 찾으셨습니다.

당신이 그런 사람이 되겠습니까?

이사야서 6장에서 이사야가 하나님의 임재 가운데로 들어갔을 때, 우리는 하나님의 하늘의 영광을 흘끗 보게 됩니다. 이사야는 그것을 8절에 기록했습니다.

> 또 내가 주의 음성을 들었는데 이르시기를, 내가 누구를 보내며 누가 우리를 위하여 갈까? 하시더라. 그 때에 내가 이르되, 내가 여기 있나이다. 나를 보내소서 하였더라.

당신은 하나님이 당신의 삶을 사용하시기를 원합니까? 당신은 이사야처럼, "내가 여기 있나이다, 주님! 나를 보내소서"라고 기꺼이 말하겠습니까? 만일 그렇다면, 이제 당신의 영적 갑옷에 가죽띠를 두르고, 당신의 검을 들고, 전쟁터로 갈 시간이 되었습니다.

왜냐하면 하나님이 사용하시는 사람은 기꺼이 사용되고자 하는 사람이기 때문입니다.

하나님이 사용하시는 사람

초판 인쇄 2009. 12. 27
초판 발행 2009. 12. 30
지은이 척 스미스
옮긴이 김인원
발행처 갈보리채플 극동선교회출판부
ⓒ 갈보리채플 극동선교회출판부 2009
등록 제13-01-15-10호
330-600 충남 천안시 대흥동
천안우체국 사서함 129호
전화 041) 557-4607
홈페이지: www.FarEastMission.org

값 6,500 원
ISBN 978-89-961879-2-9